なぜかうまくいくリーダーの
社内コミュニケーション術

部下をもつ人の職場の人間関係

水島広子

ダイヤモンド社

はじめに

職場の人間関係の質が向上すれば、人生の質も向上する

職場の人間関係というのは、よく考えてみるとおもしろいものです。

例えば、何かの病気になったときに駆けつけてくれ、付き添ってくれるのは、家族や恋人、親しい友人たちです。

そのような人は、基本的に、最も親しい人と言えるでしょう。専門用語では「**重要な他者**」と呼びます。

一方、職場の人間関係は、特別な親友になったのでもない限り、「重要な他者」とは言えない存在です。職場ではお互いに相手のことについてよく知らない、という場合も少なくありません。

ところが、一日の生活を振り返って、職場の人と「重要な他者」と、どちらと過ごした時間が長いかを考えてみるとどうでしょう?

少なくとも平日は、「職場の人」と答える人が多いのではないでしょうか。

「重要な他者」のことは、性格も背景もよく知っているけれども、ともに過ごす時間は案外短いもの。特に、仕事が忙しいときなどは、家には、ただシャワーと睡眠のためだけに帰る、などという場合もあるでしょう。

一方、職場で一緒に働く人は、どういう事情を抱えた相手なのかよく知らないのに、一緒に過ごす時間が長い、という特徴があります。

・どういう事情を抱えた相手なのかわからない（どうすれば効果的に関われるかわからない）

・一緒に過ごす時間が長く、利害関係もある

この二つの特徴が、職場の人間関係を案外、難しいものにしているのだと言えます。仮に相手のことが苦手だとしても、仕事という、生活や自分の社会的評価に関わる作業を一緒にしなければならないからです。

ビジネスパーソンにとって、会社は人生の多くの時間を過ごす場所。ですから、そこでの人間関係の質を向上させることができれば、人生そのものの質も向上すると言うことができます。

対人関係が心の健康をつくっている

私は、**対人関係療法**（Interpersonal Psychotherapy）という、科学的に効果が実証された（エビデンス・ベイストな）精神療法を用いて、うつ病、適応障害、トラウマ関連障害、摂食障害などを治療している精神科医です。そして、この仕事を通して、対人関係のあり方が、いかに人の心の健康と関連しているかを、日々痛感しています。

例えば、うつ病に対して、対人関係療法は抗うつ薬と同じくらいの効果が得られることが科学的な手法で証明されています。

対人関係療法の治療の際に注目するのは、重要な対人関係の問題と症状の関連性です。対人関係の状況が悪くなると、症状も悪くなる一方で、対人関係がよい状態になると、症状も好転します。これは、その逆向きも同じです。

悲観的になる、ピリピリする、など症状が悪くなると対人関係も悪化し、楽観的になる、穏やかになるなど、症状がよくなると、対人関係も寛大で温かいものに変わったりします。症状に最も強い影響を与えている対人関係の問題は何かを見つけ出し、その改善に取り組んでいくことが対人関係療法の中心です。

この対人関係療法のアプローチは、何も病気の人だけに有効な考え方ではありません。対人関係療法の簡易版で、病気というほどでもない人に対して行われる「**対人関係カウンセリング**」というものがあります。

対人関係カウンセリングは、基本的な骨格は対人関係療法と同じです。対人関係の状態と、精神的なストレスを関連づけてカウンセリングしていくのです。対人関係療法は一回約50分間の面接を12～16回行うものですが、対人関係カウンセリングの場合は、一回の面接が15～30分（初回だけ1時間）、面接の回数も6回以下、という簡単なものです。

しかし、「うつ病と診断されない程度の、軽いうつの人」に対して、対人関係カウンセリングが、どれほど抑うつ症状を改善するかという効果のデータを見ると、まさに対人関係が人の心の健康をつくっていると言っても過言ではない現実がわかります。

本書は、主に中間管理職やリーダーの方たちに向けて、職場における人間関係の質をどう高めたらよいのか、そして、問題が起こったときにどう対処すればよいのか、などについてヒントを提供したいという思いで書きました。それが本書執筆の大きな動機の一つです。

多くのリーダーが「こうあるべき」という理想にとらわれ、疲れきっている

しかし、実は、もう一つの動機もあります。

私は経営者や管理職の方を対象に講演することも多いのですが、ふだん彼らに接していて強く思うのは、とにかく疲れている人が多い、ということです。

よく講演の後、名刺交換などの際に立ち話をするのですが、

「もっと早くこの講演を聴きたかった」

「すでに燃え尽きています……」

など、初対面の私に、率直に打ち明けてくださる方が多いことに驚きます。

私は、講演目的で来ているので、そうした方々に十分なアドバイスをする時間もないの

ですが、そんなやりとりからは、こういうことを身近に相談できる相手がいないのだろうな、とお気の毒な気持ちになります。

なかには、すでにうつ病を患った、と打ち明けてくださる方もおり、そうしたお話を聴いていると、もっと早く対人関係カウンセリングを提供していればお役に立てたのにと、残念になります。

あるとき、小さな規模の講演会の際に、突っ込んで話を聴いてみたことがあります。「何が大変なのですか？」と聴いてみますと、もちろん仕事が忙しいということもあるのですが、「よきリーダーとは」という理想にとらわれて、様々な「べき」で自らを縛ってしまっているということでした。

具体的には、

- **リーダーとは毅然としているべき**
- **リーダーとは寛大であるべき**
- **リーダーとは常に前進する存在であるべき**
- **リーダーとは皆が嫌がる仕事を率先してやるべき**
- **リーダーは人格者であるべき**

・リーダーは誰よりも長時間働くべき
・リーダーは業務だけでなく人材育成もきちんとするべき、等々。

これらの全ての「べき」を完璧にこなそうとしたら、燃え尽きるのも当然でしょう。

また、これらは全てが自分に関する「べき」であると同時に、部下に見せる「べき」でもあります。自分は部下からこのように見られなければならないということです。つまり、これも対人関係の問題と位置づけることができるのです。

よいリーダーの条件は、部下に効果的に働いてもらうこと

本を読んだりセミナーで聴いたりする「べき」の中には、そもそも相反するメッセージを含んだものもあります。それらを鵜呑みにすると、自分の姿勢を定められずに混乱し消耗する、ということになるでしょう。

人によっては、嫌なことをやらされるよりも、「何をやったらよいかわからない」という場合の方が大きなストレスをもたらすこともあります。

「何をやったらよいかわからないから何もしない」という人は思ったよりも少なくて、あれもやってみる、これもやってみる、でもいずれもぱっとしない、ああ自分はだめだと思って、今度はそれをやってみる、というパターンで燃え尽きてしまう人が多いようです。

ここで改めて原点に立ち返って考えてみましょう。

私は、**「よいリーダー」というのは、「部下に効果的に働いてもらえる」リーダーのこと**だと思っています。ですから、リーダー像を考える上でも、その本質は対人関係にある、というのが私の持論です。

また、疲れ果てているのは、リーダーだけではありません。

リーダーのせいで疲れ果てている人（部下）も、世の中には大勢います。

最も典型的なのは「パワーハラスメント（パワハラ）」を受けている人たちです。リーダーが、自分の持っている権力を乱用して、部下を虐待するものです。

パワハラとまではいかなくても、不規則な（気まぐれで、予測不可能な）上司や曖昧な上司に振り回されて、疲れてしまっている人も少なくありません。

その一部には、「よいリーダー」になりたくて、いろいろな啓発本を読んだりセミナーに参加したりした結果、相反する「べき」を身につけてしまい、それを部下に押しつけて巻き込んでいる上司もいるでしょう。

もともと悪気もなく（むしろ部下のためによいリーダーになろうとして）頑張った結果が部下のストレスになるのであれば、どちらも報われません。

本書では、できるだけ学術的・臨床的に裏付けられた原則的な考え方を整理することによって、相反する情報に惑わされない姿勢を目指します。

よいリーダーは、よい職場環境をつくり、成果を上げる

最近、心を病む人が多い理由として上位に並ぶのが、**対人関係の問題**です。

会社は多くの人が集まる場所であり、そこには、上司や先輩、同僚、部下や取引先など、多くの関係が生じます。

もちろんその関係性の中で仕事は進んでいくのですが、これらの関係は、いずれもがストレス要因として挙げられています。そして実は、それぞれが、リーダーと関わりのあることです。

リーダー自身がストレス源になっていることもあれば、職場で生じている対人関係問題

にリーダーがうまく対応できていない、ということもあります。

実際に、同僚との問題をいくら上司に訴えても馬耳東風で取り組んでくれない、という話もよく聞きます。職場での人間関係が多くの人のストレスのもとだということは、**職場の対人関係のコツをつかみ、その質を高めることができれば、ストレスの少ない、やりがいのある職場環境をつくれる**ということになります。

そのような職場環境になれば対話や意見交換も活発になり、いろいろなアイデアも生まれやすくなるでしょう。そうすると、提案活動や創意工夫も増えてくるので、メンバーの行動も変わり、ひいては仕事の成果も変わってくるはずです。

「人材がいない……」と嘆く経営者は少なくないですが、その前に、まずは職場の人間関係の質を高める努力をしてみてはいかがでしょうか。

その力を与えられているのが、管理職やリーダーという立場なのです。

よいリーダーになるためには、リーダーとしての自分を忘れる

リーダーになったとき、「自分はちゃんとやれるだろうか」「自分などに務まるだろう

か」と不安を抱く人も少なくないでしょう。

しかし、「リーダーとしての自分」の出来に内向きの焦点を当てるよりも、「よい職場環境をつくる力を与えられた」と外向きに、前向きに考えた方が、うまくいくことが多いのです。

「うまくできるだろうか。失敗するかも」と考えるのは、自分を批判的に評価する態度で、自分自身に関心の矛先が向いていています。これでは自意識過剰になってしまい、自然な振舞いができなくなってしまいます。自分ばかりが気になって、実際にケアしてあげなければならない周囲の人たちが目に入らなくなってしまうのです。

そうではなく、「よい職場環境をつくる力を与えられた」と考えれば、「ここの職場は働きやすいか」「やりにくいと思う点はどこか」というような質問を周囲の人にしてみるなど、クリエイティブにもなれます。

そうなれば、職場環境に前向きに取り組んでいるリーダーとして好感度も高くなり、チームの意識も高まるでしょう。

多くの人にとって、職場で過ごす時間は30年、40年ととても長いわけですから、職場環境がよくなれば、その分人生の質も高まります。

管理職やリーダーには、そんな力が与えられているのだと前向きにとらえましょう。

なお、2015年12月1日から改正労働安全衛生法が施行され、50人以上の従業員がいる職場ではメンタルヘルスに対応する必要があります。この本がその際のお役に立てることも期待しながら、お話を進めていきたいと思います。この法律については、第8章で改めてお話しします。

本書では、主に肩書き上のリーダーを対象として話を進めていきますが、自分が目指す方向に人を動かす、という意味では、どんな人でもリーダーとしての役割を果たす機会があるでしょう。

人間関係をうまくリードするとは、どういうことなのか。本書の内容が、実際に「リーダー」の立場にいる方に直接役立つことはもちろんのこと、人生の様々な場面でお役に立つことを祈っております。

2015年秋

水島広子

Contents

はじめに

LEADER
第１章 「リーダー」についての誤解

LEADER
第2章
リーダーはそれぞれの「領域」を尊重しよう

LEADER
第3章
「役割期待」という概念を身につけよう

LEADER
第４章

上手なファシリテーターになろう

LEADER
第５章

機能するリーダーに求められる「聴く力」

LEADER
第6章
機能するリーダーが身につけたい「話す力」

LEADER 第7章

職場には、いろいろなタイプの人がいることを知っておこう

LEADER 第8章

職場と部下のメンタルヘルスに注意する

LEADER
第9章
こんなとき、リーダーはどう対処したらいいのか？

第1章

「リーダー」についての誤解

LEADER

LEADER 01

リーダーは毅然としているのがよい？

本章では、まず、リーダーについてまことしやかに語られている誤解を整理していきたいと思います。

どんなリーダーにとっても本質的に必要なものは何で、どこからが個性を反映した個別の特徴なのか、という区別は、とても重要だからです。

「よいリーダー」としてまず浮かぶのは、「毅然としているリーダー」でしょうか？　政治家は、よくそんなことを言いますね。

また、人情味がある人がよいリーダーだ、という人もいるでしょう。今まで苦しい経験を積み重ねてきた、たたき上げの苦労人こそ、よいリーダーかもしれません。

部下がすべき仕事を自らが率先して引き受け、「背中」で引っ張るリーダーこそよいリーダーである、と思っている人もいるでしょう。

一体「よいリーダー」とは、どういう人なのでしょうか？

「毅然としている」人が皆よいリーダーかと言うと、ワンマンで無理を押しつけるパワハラ人間かもしれません。

「人情味がある」人が皆よいリーダーかと言うと、情に流されるばかりでリーダーとしての役割をきちんと果たせない人もいるでしょう。

苦労してきた人には、それなりの「あく」があって、案外つきあいにくいかもしれません。

部下の仕事を自らが率先して引き受け、その「背中」を見せているつもりでも、部下には「ああ、上司がやってくれるからいいや」と思わせてしまうかもしれません。

つまり、「毅然としている」「人情味がある」「苦労してきた」「部下の仕事を率先してやる」などは、「よいリーダー」の本質にはなり得ない、ということなのです。

それらは、各リーダーの「個性」に過ぎないと言えます。

たとえてみれば、「フレーバー（風味）」でしょうか。機能するリーダーとしての骨格があって、その上に、どのフレーバーを乗せるかは、まさに個人の性格次第です。

毅然としたリーダー、人情味があるリーダー、今まで多くの苦労をしてきたリーダー、部下の仕事を率先して行うリーダー等、その人の個性にあったいろいろなリーダーがいてよいのです。

性格は、生まれながらにして約半分が遺伝で決まっていますし、残りの半分も、ここまでの人生の過程で、幼少期の育てられ方や、体験してきたことによって、すでにそのかなりの部分が決まっています。ですから、性格を変えることには、あまり期待しない方がよいでしょう（もちろん、少しは変わりますが）。

リーダーのよし悪しとは、「リーダーとして機能するかどうか」で決まります。その人の個性（学歴なども含めて）によるものではなく、機能するというのは、先述したように「部下に効果的に働いてもらえる」リーダーかどうかということです。

リーダーとして機能する人は、その性格がどうであれ、優れたリーダーと言えるのです。いわゆる生まれながらのカリスマだけがリーダーになれるわけではなく、カリスマ性を前面に出した「カリスマ・フレーバー」のリーダーもいる、というだけのことでしょう。本書では、「リーダーという機能」について、対人関係という面から考えていきます。

リーダーのよし悪しは、部下に効果的に働いてもらえるかどうかで決まる。

LEADER 02

叱ることで人は伸びる？

きちんと叱れる人がよいリーダー、と言われることもあります。

確かに、軌道修正が必要なときに何のメッセージも出さない人よりは、叱る人の方が「**機能するリーダー**」と言えるでしょう。

しかし、「叱る」ことが、リーダーとしての機能を本当に高めるのでしょうか？

まず、叱るということについて考えてみましょう。叱るという言葉を辞書で調べると、「目下の者の言動のよくない点などを指摘して、強くとがめる」とあります。

つまり、批判的に、かつ強く、相手の非をとがめるということですね。

そのように目上の人から強くとがめられることは、人の心身に**衝撃**を与えます。衝撃とは「**心が受ける傷**」と言うこともできます。

人間には自己防衛能力が備わっていますから、衝撃を受けると、「もう二度と衝撃など受けたくない」というモードにシフトします。そして、まずは、防衛態勢に入ります。つまり、叱られた内容をじっくりと吟味し反省するよりも「叱られた」という衝撃そのものに強く反応してしまうのです。

ですから、きつく言われたことをその場で受け入れられる人は、決して多くないと思います。その場では言い返したり、ひどく落ち込んだり、固まってしまったりする人も多いでしょう。

叱られた内容が適切なものであれば、数日が経過し、衝撃が和らいでいく中で、「上司が言ったこともっともだった」などと受け入れることもできます。そんな体験が多くの方にあるのではないでしょうか？

ここまでであれば、きつく言おうが、優しく言おうが、受け入れるのに要する日数だけの違いだ、と思われるでしょう。

しかし、厳しく叱られたことが原因でその人が萎縮してしまい、その後、上司の顔色を見ながら、おどおどと仕事をするような状態に陥らせてしまう危険もあるのです。実際に、怒りっぽい上司がいる職場では、皆が上司の顔色を中心に動いていて、創意工夫や新しいチャレンジどころではない、ということが少なくありません。

そんな様子を見て、上司がさらに「どうして誰も自分から動かない！」「どうして自分の頭で考えない！」と怒る、という悪循環に陥ってしまっているケースもあります。これでは生産性も上がりませんし、上司は常にピリピリ怒ると同時に、過労状態になってしまうでしょう。皆が上司の「指示待ち」をしている、ということだからです。

あるいは、叱られたことを恨みに思って、誠実に仕事をしなくなる人もいます。やるべきことをやらずに相手にマイナスをもたらすことを「**受動攻撃性**」と呼びます。つまり、「仕事をしない」という形の反撃です。

これでは、部下が本来発揮できるはずの力を損ねてしまいますから、リーダーとして機能していない、と言えます。

きつく叱るか、やんわりと言うか？

しかし、「きつく言わなければ効果がない」と考える人もいるかもしれません。「荒療治」という言葉もありますが、やんわりと言ったのではわからない、きつく言わなければ、という懸念は確かにあるでしょう。

ここで私が不思議に思うのは、「きつく叱る」以外の選択肢が「やんわりと言う」しかないかのような考え方です。軌道修正を急いでしてもらいたいときに「やんわりと言う」のでは、確かにリーダーとしてうまく機能しているとは、とても言えないでしょう。

だからと言って、厳しく叱ることも効率的ではないですし、人をひどく打ちのめし傷つけてしまうかもしれません。「パワハラを受けた」とも言われかねないのです。

それでは、自らの社会的安全にも関わってきます。

では、どうすればよいのか、ということは次章以降でお話ししていきます。

叱るという行為は、人の心身に衝撃を与える。ひどく打ちのめし、傷つけてしまうかもしれないので要注意。

LEADER 03

ほめることで人は伸びる？

前項を読んで、「では、ほめればよいのではないか」と思われた方は多いでしょう。それは大筋のところ、間違ってはいません。

否定されるよりも肯定された方が、人は防衛に余計なエネルギーを使わずにすみます。今では、「ほめて育てる」という考え方も、かなり浸透してきています。

しかし、ほめることは万能ではありません。

何らかの成果を単にほめてしまうと、「さらに高い成果を上げなければ」「常に同じレベルの成果を出していかないと失望されてしまう」などと、自分を追い込んでしまう人もいるからです。そのプレッシャーが、そのまま仕事のストレスとなって、心の病につながることすらあります。

仕事で成功して多くの人に賞賛されたのに心を病む、という事態は逆説的なように見えて、現実に多数存在します。

部下の力を伸ばすためにほめるのであれば、**成果ではなく努力のプロセスをほめる方が安全**です。

仮に成果が思ったように出ない場合でも、「努力はした」と認めてもらうのともらわないのとでは、それからのやる気が大きく変わってきます。

「小さな失敗は誰にでもある。日頃の働きぶりを見ている人は見ているから、大丈夫」というようなどっしりとした安心感は、仕事を支える柱となります。

ある人の成果をほめた場合、他の人はどう思うか？

また、リーダーである以上、組織全体の力動（ダイナミクス）を考える必要があります。ある人の成果をほめた場合、他の人がやる気を起こすかというと、むしろ逆効果となる場合が多いでしょう。

「自分も頑張ろう」と発憤する人もいるかもしれませんが、「どうせ自分が頑張ってもあの人のようにはできない」「上司は出来のよい人にしか関心がない」などといじけてしまう人が出てきます。

「自分でない誰か」がほめられる、ということは、案外衝撃的な体験になるからです。「みんな○○君のように成功してほしい」というのは、意味がありそうで、まったく逆効果にもなりかねない言葉です。

それよりは、○○さんに「なぜ、今回自分が成功できたと思うか」、苦労した点も含めて、皆の前で振り返ってもらう方が効果があります。

リーダーとしては○○さんを激励した上で、成果を上げていくポイントを、○○さんを囲みながら話していくのです。

「みんな努力してくれてありがとう。そんな中で、今回○○君が××に成功したのはとても勇気づけられる。引き続き皆で頑張ってほしい」と、成果が上がらない人にも期待を寄せていることを示した方が効果的です。

仕事の成果をほめるのではなく、努力のプロセスをほめる方が部下の成長にはプラスに働く。

LEADER 04

人を従わせるのがよいリーダー？

「リーダーシップを発揮する」ということは、往々にして、そのリーダーが目指す方向に強引であっても従わせる、ということと誤解されがちです。

確かに、非常時には、そういう姿勢が必要となる場合もあるでしょう。

しかし、普段からそういうことが常態化してしまうと、「指示されていないからやらない」と、部下を無力化・消極化してしまい、本来部下に備わっている能力を損ねてしまう、ということにもなりかねません。言われたことしかやらない部下をつくってしまうのです。

これは本書の全体を通してお話ししていきますが、**「怖れ」にとらわれているリーダーは、守りに入りがち**です。

「怖れ」にとらわれているというのは、どういうことかと言うと、「もしも○○したらどうしよう」というような無力で不安な強迫観念に振り回されている、ということです。

例えば、「人に任せて、うまくいかなかったらどうしよう」という思いに振り回されると、やたらと仕事を抱え込んで過労となったり、人に干渉して自分のやり方でやらせようとしたりすることになります。

それでは、部下は自分の力を十分に発揮することができませんし、仕事を任せた意味がないでしょう。

「怖れ」にとらわれたリーダーにおなじみの感情は、**いらだち、焦り、不安、孤独感、無力感、猜疑心、警戒心**といったところでしょう。

それら自体がストレスフルですし、リーダーとしても機能しないのであれば、そのような「怖れ」にとらわれるメリットは何もありません。

「怖れ」を手放せば、うまくいく

「怖れ」にとらわれているリーダーを、ここからは「**怖れのリーダー**」と呼びますが、それは実は「**機能するリーダー**」の対極にあるものです。もちろん、どんなリーダーの頭にも、「うまくいかなかったらどうしよう」というような強迫観念は浮かぶでしょう。

それにとらわれ振り回されるのが「怖れのリーダー」であり、自らの「怖れ」として認めて、本書で述べるような原点に戻ることができるのが「機能するリーダー」なのです。

もちろん、「いざというときは」というリスクマネジメントは必要です。

しかし、そのことと、「怖れ」にとらわれ続けることとは違います。

飛行機のことを考えてみてください。非常時の脱出手続きさえ習っておけば、あとは好きな飲み物を飲んだり映画を観たりして、くつろぎたいですよね。飛行機に乗っている間ずっと「落ちたらどうしよう」「この飛行機は大丈夫なのだろうか」と心配していたら、到着地までにぐったり疲れてしまいます。「怖れのリーダー」とは、そんなイメージなのです。

また、25ページでお話ししましたが、「衝撃」について知っていることは、リーダーの自己コントロールにも役立ちます。「衝撃」について知らないリーダーは、自分が衝撃を受けると、そこからくる「怖れ」を次々と部下にまき散らし、それぞれの部下にも「衝撃」を与えていってしまいます。それが基本姿勢になってしまっている「怖れのリーダー」も実際に存在します。

一方、「衝撃」について知っているリーダーは、自分が「衝撃」を受けたときには、直ちにそれを部下にぶつけるのではなく、自分が冷静になるのを待つことができるはずです。

それこそ、「機能するリーダー」ですね。

「衝撃」だけでなく、他の感情についても同じです。**人間の感情とは、生物としての人間に備わった自己防衛能力**です。ですから、例えば不安を感じるということは、「安全が確保されていない」ということを知らせてくれるものです。新しいプロジェクトに取り組むときなどは、不安を感じるのが当然です。

「未知＝安全が確保されていない」ということだからです。そんなときにも、「怖れのリーダー」が、不安からピリピリと部下に嫌な態度をとるのに対し、「機能するリーダー」は、「これは新しい体験だから、不安になって当たり前だ。みんなで力を合わせて頑張ろう」と、軸をしっかりと定めることができます。部下のそれぞれも、「そうだ、頑張ろう」と思うでしょう。

他の感情についても、まずは自分の内面を振り返り、何が心配なのか、何が不満なのかをよく考え、その上で効果的に部下と関わることができるのが「機能するリーダー」です。

焦り、不安、孤独感、無力感、猜疑心、警戒心など、自分の中の「怖れ」を認め、それを手放すことができれば「機能するリーダー」になれる。

LEADER
05

リーダーの役割はファシリテーター

実は、リーダーになる人というのは、そのグループの中で決して「最も優秀な人」でなくてもよいのです。

また、優秀な人が、皆リーダーにふさわしいわけでもありません。ずっとリーダーにならずに現場にいた方が、輝いた存在でいられる人もいます。

どちらが優れているという話ではなく、それぞれの個性の違いだと考えましょう。

リーダーの本質的な役割というのは、**ファシリテーター（促進役）**です。

つまり、「最も優秀な人」として上から結論を押し付けるのではなく、**それぞれの部下が持っているよいところを引き出しつつ、それらを活かして仕事を進めていく役割**です。

そう考えれば、それぞれの部下のやる気も引き出されますし、柔軟な発想も出てきて、チームとしての潜在的な能力が発揮されますね。

人間は、一人の人格として尊重されるときに最もよい面を見せるものです。

もちろん、**自分が尊重されることによって、リーダーに対する信頼感、組織に対する忠誠心も増します。**

自分のイエスマンしか必要ないという「怖れのリーダー」では、「リーダー一人の仕事」の、こぼれた雑用を部下がこなす程度になってしまいます。それでは、リーダーが一人で発揮できる力を超えることはないでしょう。

また、人材育成というリーダーの重要な課題も果たせないことになります。

リーダーに求められる最大の資質とは？

ただ、こうした発想に違和感を覚える方も少なくないと思います。

「お友達感覚（なあなあ）」になってしまって、言うべきことを言えなくなるのではないか、上下関係の秩序は必要ではないか、という考え方です。

私も上下関係の秩序は必要だと思います。

しかし、それは、「責任をとる」という意味においてです。

ファシリテーションをうまくやっていけば、自ずと方向性が見えてくることが多いものです。本当に意見がまとまらなければ、リーダーに一任という形で責任をとることができます。

また、皆でよく話し合って出した結論であれば、潔く責任をとるのもリーダーの仕事です。毅然とした態度が必要なのは、そんなときです。

「皆でこれだけもんで出した結論なのだから、上をちゃんと説得する。もしうまくいかないことがあれば自分がきちんと責任をとる」というような態度は、リーダーとして毅然としていて気持ちがよいです。

そういう態度なら周囲からの信頼も厚くなるでしょう。よく言われることですが、会社では、常に「見ている人は見ている」のです。

結論を言えば、**リーダーに最も求められる最大の資質とは、誠実さ**だと言えるでしょう。

講演などで、上司についての不満を聞くと、「上司に見せる顔と部下に見せる顔が違う」という意見が、かなり多くの人から出てきます。

「上がどうしてもやれと言うから、君たち頼むよ。無理だと言ってはみたんだけど、上がどうしても強硬でね」ということを部下には言い、上司には「はい、任せておいてください！　私からきっちり言い聞かせます！」などと言って、無理な仕事を引き受けてくるようなタイプ。あるいは、上司にはペコペコへつらうくせに、部下にはパワハラまがいの言動をとるようなタイプもあります。

こういう不誠実な姿を、部下は案外見ているものです。

こんな人は、信頼される上司になれないどころか、「自分の都合ばかり考えている上司」として部下にストレスと嫌悪感を与えるだけの存在になってしまいます。

もちろん、そんな上司のために無理してでも頑張ろう、という前向きな気持ちにはなれるわけがないでしょう。

これも「怖れのリーダー」の一つの特徴です。「はじめに」でお話ししましたが、**自分が人からどう思われるかに目がいってしまうと、結局は「怖れのリーダー」になってしまう**のです。リーダーとしての自分がどう思われるかを気にするよりも、**誠実に上司にも部下にも関わっていくことが、「機能するリーダー」に求められる姿勢**なのです。

上司の役割はファシリテーターということに関しては、第4章で詳述いたします。

上司の役割はファシリテーター。それぞれの部下が持っているよいところを引き出し、それらを活かして仕事の成果につなげていく役割。

LEADER 06

メンタルヘルスに気を遣うと業績が下がる?

時代は変わり、メンタルヘルスが、より重視される時代になりました。

2014年6月に改正労働安全衛生法が成立し、2015年12月1日から従業員50人以上の全事業所で、ストレスチェックの実施が義務づけられました。

もちろん義務が増えるのは面倒なことですし、こうした風潮に対して、「そんなに甘っちょろいことを言っていたら業績が上がらない。自分が若い頃は、徹夜してでも仕事をしたものだ」と、違和感を抱いている人もいるでしょう。

しかし、本当に、メンタルヘルスに気を遣うことが、業績を下げるのでしょうか。

メンタルヘルスについては、顧みるべき二つのことがあります。

一つは、リーダー自身のメンタルヘルスで、もう一つはリーダーのもとで働く部下の人たちのメンタルヘルスです。

はじめにで述べましたが、私が見たところ、疲れている経営者はとても多いです。

また、時代的にも、今の経営者は起業家だけでなく、家業を継いだ「二世」であることも多く、家族のしがらみ、自分より年長で熟練した「部下」、そして経営的判断の中でとんでもないストレスを抱えている人が少なくありません。

以前、経営者の会に招かれて講演をしたことがあります。

テーマは現場で決めるということだったので、「業績向上系の話と、癒やし系の話と、どちらがよいですか」と尋ねたところ、全会一致で「癒やし系でお願いします」ということになりました。

その理由を尋ねると「あるべきリーダー論」に振り回されて、各自が消耗しているとのことでした。確かにそれでは、業績がどうこう言う以前の話ですね。

うつ病になるリーダーは、まじめな人が多い

私は、本書を執筆するにあたって、何冊もの「リーダー向け」の本を読んでみました（一応私自身も、営利・非営利いくつかの団体のリーダーです）。

結果として、とても疲れました。

「人の上に立つもの、まず自らを律せよ」というのは、一理あるのですが、人を追い詰めかねない考え方です。

常に「自分はうまく振る舞えているだろうか」という「怖れ」の目で自分を見てしまうからです。結果として「怖れのリーダー」になりかねません。

実際に、うつ病などを患っている管理職やリーダーの方たちは、とてもまじめである場合が多いです。まじめすぎて、自分に厳しすぎて、結果として、自らを追い込んでしまうのです。部下に苦労をさせるくらいなら自分が、ということです。

そのような誠実な姿勢は、人間としては、もちろん好感が持てます。しかし、それでつぶれてしまっては、リーダーとしては何も機能していない、ということになってしまいますね。

もちろん、なかには自分の好き勝手に振る舞って、部下の心情も苦労も考えず、一切責任をとろうともしない身勝手な「リーダー」もいます。

それが決して望ましい姿でないことは、言うまでもありません。

多大なストレスは病気を引き起こすリスク要因

この問題については、経営者の方たち自身が、私に正解を与えてくれました。

ある別の機会に、私は「経営者のメンタルヘルス」というテーマで講演を頼まれました。私はもちろん与えられたテーマに忠実に、熱心に「経営者のメンタルヘルスのためには」という話をしました。

講演後に、参加者の方たちからいただいたアンケートからわかったのは、「今日の話は、『経営者のメンタルヘルスのためには』というテーマだったが、例えば、同じ内容で、『業績を上げるには』『従業員のメンタルヘルスのためには』というようなタイトルでも大丈夫だった」ということなのです。

つまり、経営者のメンタルヘルスを本当の意味で大切に考えれば、それは業績や従業員の健康にもつながる話だというのです。

どういうことかと言うと、例えば、経営者が部下を怒鳴り散らしているとき、その心の状態は決してよくはありませんね。攻撃モードで、交感神経が活発に働き、心身に多大なストレスをかけている状態だからです。

ご存じのように、多大なストレスは病気を引き起こすリスク要因になります。ひどく怒ったら心臓発作、などということもないわけではありません。

そして、もちろん怒鳴られている部下も、最悪の場合は心を病んでしまうでしょうし、反感・恐怖心・自己防衛などから、とても本来の能力をのびのびと発揮してくれることはないでしょう。

この状況で業績だけが上がる、ということは考えがたいのです。

リーダーや部下のメンタルヘルスと会社の業績は相関している

また、リーダーと部下の関係がうまくいかないときは、お互いにとってストレスフルになります。リーダーが自分勝手にやっていると、部下のモチベーションは下がり、結果として、組織や会社の業績も下がってしまいます。

考えてみればシンプルな話なのですが、リーダーのメンタルヘルス、部下のメンタルヘルス、そして会社の業績は、相関しているのです。

法律で定められたから、ではなく、**自分と部下の幸せのために、また業績を上げるために、部下のメンタルヘルスにも十分に配慮する必要があるの**です。

その「配慮」の仕方は、本書をお読みいただくことでかなりの程度マスターしていただけると思います。

ただ単に「配慮しなければ」という義務を背負っていくと、「怖れのリーダー」になってしまい、自他ともに消耗してしまうでしょう。

自分と部下の幸せのため、業績を上げるために、部下のメンタルヘルスに十分配慮する。

LEADER 07

リーダーは率先して雑用をこなすべき？

「上司の背中を見せて部下に学ばせる」という考え方は立派です。この考えに基づき、誰もやろうとしない雑用を上司がやったりすることがあります。

あるいは、「今度の上司は、雑用もいとわない。人間ができている」という評価を得たくて自らやる場合もあるでしょう。なんとなく、それは「人の道」と考えられるからです。

しかし、それがあまり有効に働くとは思えません。

なぜなら、「どうせリーダーがやってくれるから自分はやる必要がない」と勘違いされたり、ただ単に「よい上司」と言われるための人気取りだと思われたりする危険があるからです。

もし、それでも自分の背中を見せて学ばせたいのであれば、かなり入念な戦略が必要でしょう。

注意することで部下に嫌われる？

一つの方法としては、**期間を限定する**、というやり方があるでしょう。

上司の背中を見て学ぶ期間を、限定してしまうのです。そうすれば、その後、独り立ちしなければならない部下は、緊張感を持って学ぶかもしれません。

そもそも、上司の給料は雑用のために払われるわけではありません（常識的には、それより高いはずです）。部下がそれぞれに力を出せるようにすることが、機能するリーダーとしてのあるべき姿です。

上司が雑用ばかりしているのであれば、もらっている給与や身分は不相応ということになってしまいます。

それにしても、そもそも、なぜ上司は「背中を見せて学ばせたい」などと思うのでしょうか？　そんなまどろっこしいことをせずに、直接部下に命じることができないのでしょうか？

それは「ちょっとした勇気」のあるなしの話ではないかと思います。

やはり、**上司として部下に好かれていたい、という気持ちが根底にあるから指示命令ができない**のでしょう。

注意することで嫌われるのではないか、ということを怖れているのです。

つまり、「怖れのリーダー」になってしまっているのです。

しかし、「機能するリーダー」として、ちゃんと必要な指示をする方法があります。

それについては第6章でご紹介します。

27ページで、きつく叱るかやんわりと言うかの二つの選択肢しかないのはおかしいという話をしましたが、これも同じ類いの話です。

ガミガミ注意をするか、自らが黙々と取り組むことで「背中」を見せるかのどちらかしかない、というのはあまりに極端な話だと思います。

「背中を見せて学ばせたい」というリーダーは、部下に嫌われたくないという「怖れ」にとらわれているのかもしれない。

第2章

リーダーはそれぞれの「領域」を尊重しよう

LEADER

LEADER 01

リーダーは、部下より人間として格上なのか？

最近では、労働環境がとても厳しい会社は「ブラック企業」と呼ばれます。したがって、リーダーが健全な人権感覚を持っていることはとても大切です。

ここから言えることは、もしリーダーの中に、**「部下のくせに」という気持ちが芽生えたら、要注意**だということです。

職務上の上下関係は、決して人間の価値を決めるものではないからです。

会議で、上司の私が言った意見について、よく反対意見を述べてくる部下がいます。敵対意識を持っているのか、わからないのですが、どうしたらいいでしょうか？

なぜリーダーは、反論する部下に違和感を覚えるのでしょうか？

それは、「部下のくせに」という感覚（上から目線）があるからです。

職務上の上下関係は、職務を効率化するためにつくられている仕事上のシステムです。主に、責任の範囲を明確にするのがその役割です。

そのことと、人間としての価値が高いか低いかということは、全く関係がありません。社長であろうが、ドアマンであろうが、人間としては全く対等な個人同士です。これは決してきれい事で言っているのではなく、豊かな人生を送りたいのであれば、リーダーであろうとなかろうと、誰もが心から認める必要のある考え方です。

ただし、人間はどうしても社会的地位と人間としての価値を結びつけがちなので、それに流されないように、リーダーが率先してロールモデルを示していく必要があります。それが「機能するリーダー」の条件とも言えるでしょう。

部下に対して、とても人道的とは思えない態度をとっているのは、「怖れのリーダー」である証拠とも言えます。

なぜそれが「怖れのリーダー」なのかと言うと、**「怖れのリーダー」は基本的に自信がない**からです。対等な人間として相手を見てしまうと、自分の価値が下がるように思ってしまうのです。

ですから、「自分は人間として格上」というような態度をとりたがるのです。

あるいは、必要以上に上司に媚びて、同じような媚びを自分の部下に要求する「怖れのリーダー」もいます。

「リーダーなのだから人格者でいなければ」という思い込みを捨てる

職務上の上下関係と人間としての価値は無関係、ということは、別の観点にもつながります。

リーダー向けの啓発本などで疲れてしまうのは、そこに、「部下よりも人間として格上になるように」というメッセージを感じ取るからだと思います。

リーダーにだって欠点はあってもよいし、人間としての限界は当然あるのです。リーダーだからなんでも我慢できる、などということはありません。

リーダーと部下は人間としては対等ですから、「部下のくせに」という感じ方もおかしければ、「リーダーなのだから人格者でいなければ」という負担を背負い込む必要もないのです。

もちろん、リーダーがそう思っていても、部下は「リーダーの方が上の人間」という意識を持っている場合も少なくないでしょう。おなじみの「媚びる」「へつらう」などはそういう意識の結果だと言えます。

ところが、人間としての上下関係ができてしまうと、人権上だけでなく、職務上もいろいろな弊害が出てきます。本書でこれからお話ししていくようなことができなくなってしまうのです。

ですから、**リーダーから「我々は人間としては対等」という姿を率先して示していくことが重要**なのです。

これは決して、部下のご機嫌取りをするという類いの話ではありません。

また、「お友達関係」になるということでもありません。

もちろん、リーダーとしての職務上の責任を免除するものでもありません。どういうことなのか、その概念を説明していきます。

リーダーは「我々は対等」という姿を、率先して示す。

LEADER 02

リーダーは、それぞれの「領域」を尊重する

人間には、生まれ持ったもの、幼少期の環境、今までに接してきた人の価値観、これまで体験してきたことなど、その人にしかわからない様々な事情があります。

本書では、人それぞれの様々な事情のことを、その人の「**領域**」と呼ぶことにします。

自分の「領域」は自分にしかわからないし、相手の「領域」のことはわかりません。

「はじめに」でお話ししたように、職場の人間関係では、ともに過ごす時間が長い割には、相手のことをよく知らないものです。出身地さえ知らないこともあります。

家族など親しい間柄であれば、それぞれの「領域」についての知識を、ある程度共有している場合もありますが、職場でそれを期待するのは不適切だと思います。

職場は、決して自分のすべてをさらけ出すべき場所でもなければ、相手の全てを理解すべき場所でもありません。

成熟した、健康な人間関係のために必要なのは、たとえ家族のような親しい間柄であっ

対人関係の三重円

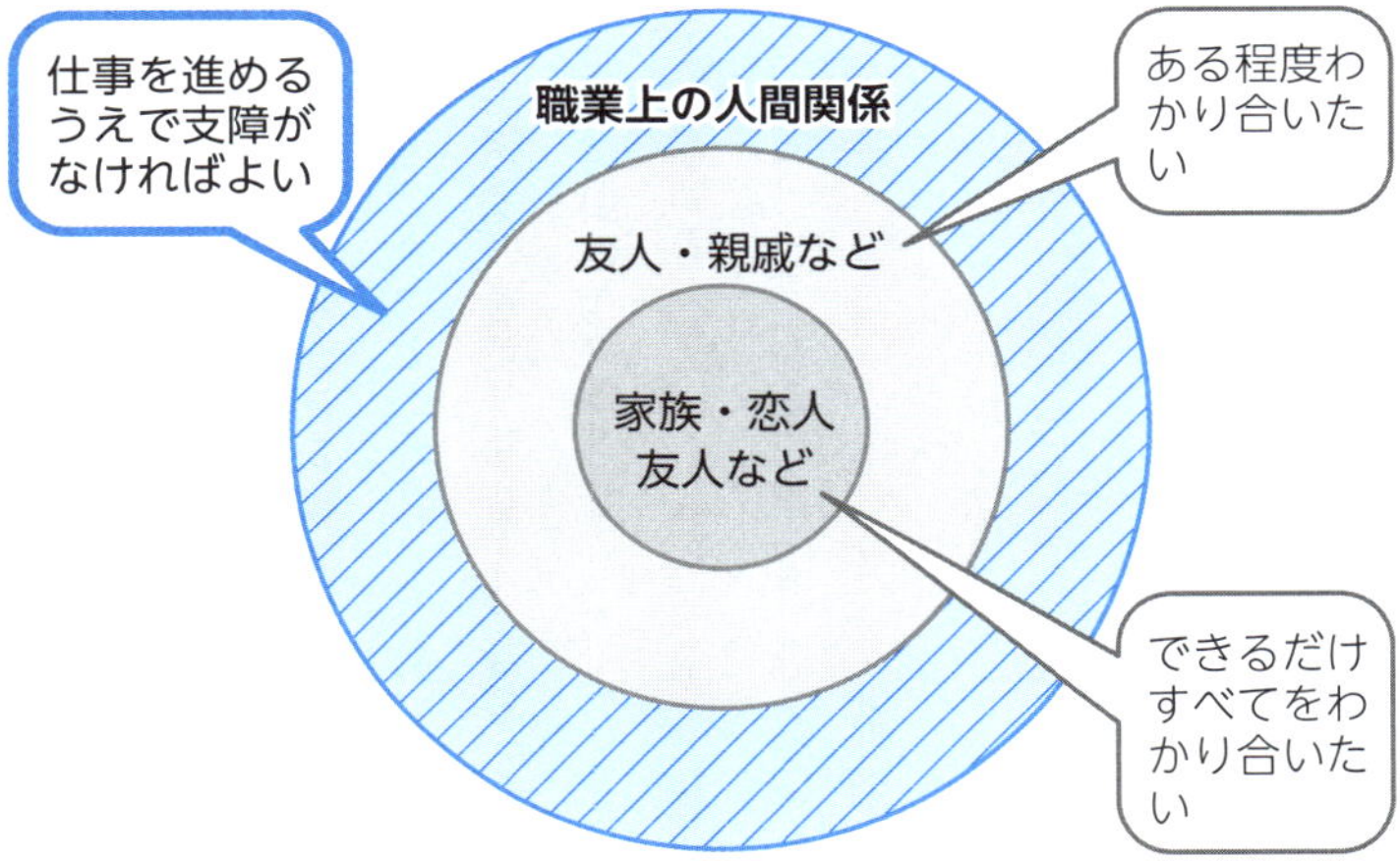

出典：『自分でできる対人関係療法』水島広子著、創元社、13ページより

ても、お互いの「領域」を尊重することです。**相手の「領域」については決めつけない。自分の「領域」については自分で責任をとる。**それが「領域」の尊重の基本です。この原則は、リーダーにとっても同じことです。

部下のことを勝手に決めつけるのは、「機能するリーダー」ではなく「怖れのリーダー」の姿勢です。

多くの場合、部下の「領域」について決めつけたような発言をすると、相手を傷つけたり、「何もわかっていないくせに、いい加減なことを言うのだな」と、一気に信頼を失ったりします。案外認識されていないことかもしれませんが、リーダーになったからと言って、相手の「領域」を自由に決めつけてよいわけではないのです。相手の「領域」は、引き続き不可侵なもので、その「領域」意識こそが、リーダーとしての機能を高めるのです。

自分から見て**相手が不可解な行動をとっているとしたら、まず、「相手はなぜそんなことをしているのか」ということを聴いてみる**ところからしか始まりません。

相手には相手の考えがあって、あるいは、やむにやまれぬ事情があって、そういうことをしているに違いないからです。

相手によく事情を聴いてみることを、本書では、「**インタビュー**」と呼ぶことにします。相手の「領域」内にある、相手の事情について、理解できるまでよく聴いてみる、という意味です。

聴き方について、詳しくは第5章で後述しますが、ここでは「**なるほど」という感覚が得られるまで話を聴く**、というふうにとらえておいてください。

相手の「領域」については決めつけない。わからないことがあれば「インタビュー」して確かめる。

LEADER 03

リーダーはジャッジする人（裁く人）ではない

それぞれの人にはそれぞれの事情があり、ものの見方や考え方も様々です。それをそれぞれの「領域」として尊重していくのが健康で成熟した人間関係だ、ということをお話ししました。

これはリーダーと部下であっても同じことです。

しかし、**よく勘違いされるのが、リーダーは部下をジャッジしてよい、ということ**です。

ここで、「評価」について、私なりの分類をお話ししておきます。私は、主観的な評価を「**ジャッジメント（ジャッジすること）**」と呼んでいます。

ジャッジメントとは、「裁き」と訳す人もいますが、今の自分が、自分が知っていることに基づいて下す評価です。同じ現象を見ても、人によって評価は分かれます。

人によって異なるだけでなく、同じ人でも、年代やその日の気分などによって異なってきます。若い頃は許せなかったけれど、年を取ってきたら寛大になった、などというふうに、です。

あるいは、体調がよい日には大して気にならないけれども、体調が悪い日は同僚の咳が気になる、などです。

一方、客観的な評価を「**アセスメント（アセスすること）**」と呼んでいます。血圧などは、同じようなトレーニングを受けた人であれば、誰が測っても同じ結果が出ます。車を運転するスピードも、誰が見ても同じ数字です。そして、時速40キロ制限の道であれば、70キロがスピード違反だというのも、誰がしても同じ評価だと言えます（それが人間としてどのくらい問題か、ということになると、ジャッジメントの世界に入ります）。

このような、誰が見ても同じ客観的な評価を、私は「アセスメント」と呼んでいます。もちろん問題が出てくるのは、ジャッジメントの方です。

自分のジャッジメントを相手に押しつけない

部下を**ジャッジするということは、相手の「領域」について、自分側の「領域」の判断基準で勝手に決めつけること**です。

つまり、相手の「領域」にずかずかと土足で踏み込んで、決めつけという暴力をふるっているのだと言えます。これは「怖れのリーダー」に典型的な姿勢と言えます。いろいろな可能性に心を開くのではなく、自分が見ている狭い世界を「真実」と思い込まないと崩れてしまいそうな怖れがあるのでしょう。

あるいは、前項でお話ししたように、自分の方が人間として格上だと思っているので、何でも自分が決めつけてよいという感覚があるのかもしれません。

確かに、リーダーは、待遇を考えたり、「適材適所」を考えたりするために、部下を評価することが、その職務の一つだと言えます。

しかし、その評価は限りなく「アセスメント」に近いものであるべきです。

リーダーが自分のジャッジメントを正しいことのように押しつけると、あらゆる種類の問題が起こってきます。

例えば、自分の決めつけを通して相手の話をいくら聴いても、「なるほど」と相手の話が腑に落ちる瞬間がいつまでもこない、ということもその一つです。

リーダーとして機能するためには、**自らのジャッジメントを、「あくまでも今の自分の主観的なとらえ方」だということを忘れないようにする**必要があります。

職務上の上下関係があるからと言って、リーダーのジャッジメントは、しょせん個人的なものなのです。ここが勘違いされやすいポイントです。

確かに職務上、上の立場にある人は、それだけの裁量権を持っています。

しかし、それは仕事の仕方に関するものであって、相手の「領域」を決めつけるような性質のものではありません。

リーダーはジャッジする人（裁く人）ではないのです。

ジャッジメントがあらゆる問題を引き起こす

人間ですから完璧はありませんが、自らが職務上下す評価を、ジャッジメントではなくアセスメントに近づける努力は必要です。

ここを意識するだけでも、ずいぶんとリーダーとしての機能が向上するはずです。

「成果主義」を導入した職場で様々な弊害が生じてくるのは、上司に求められているのが本当は「アセスメント」なのに「ジャッジメント」と勘違いしてしまうため、職場全体に「怖れ」が満ちるからだと思います。

上司は自分に都合のよいところだけを見てジャッジメントをしたり、ジャッジすることに罪悪感を覚えたりします。部下は、上司の顔色をうかがったり、自分がどうジャッジされるかを怖れる結果、無理をしたりしてしまいます。

実は、**あらゆる問題が、自分のジャッジメントを、自分以外の他人に押し付けるところから起こってくる**と言えます。

押しつける相手は、「あなたは○○だ」というようにジャッジメントを下した相手であることが多いでしょう。

しかし、そうでない場合もあります。

例えば「Aさんはよい人だ」などというジャッジメントを上司がBさんに伝えたとします。しかし、そのBさんのジャッジメントが「Aさんには問題がある」というものであるならば、それは「押しつけ」ということになります。

ジャッジメントそのものは、人間に備わった自己防衛機能のようなものです。とりあえず自分なりに他人や状況を位置づけて、対応していくためのもの、とも言えるからです。

危なそうな人に対しては警戒する、温かそうな人にはちょっと心を開いていく、というのは、人間が日常的にやっていることです。初対面の相手に対して、それは自分を守る力となります。

ただそれは、「事情をよく知るまで」の間の話であり、事情をよく知るためには、ジャッジメントをできるだけ手放す努力が必要です。

「怖れのリーダー」をやめて「機能するリーダー」になるための第一歩は、自分のジャッジメントの押しつけをやめようとする「意識」だと言っても過言ではありません。

まずは意識で十分です。意識していくと、だんだん自分のものになってきます。

ジャッジメントにとらわれる自分を、「だめだ」「怖れのリーダーだ」とジャッジする必要もありません。「これからも意識を続ける必要がある」というアセスメントで十分です。そうしないと本当に「怖れのリーダー」になってしまいます。それほど、ジャッジメントと「怖れ」には深い関係があるのです。

ジャッジメントにとらわれないようにするのは、相手に対するジャッジメントのみではなく、自分に対しても同様です。

部員の仕事ぶりが不満なときにどう対処するか？

入社2年目の部下がいるのですが、この部下がやたらとまわりに意見を聴き回るのが得意です。仕事のちょっとしたことで、上司である自分はもちろん、同じ部の先輩にも意見を求めたりします。貪欲に学びたいという姿勢の表れだとも思いますが、自分のことを信用されていない気もして、内心少し複雑です。どう考えたらいいでしょうか？

人それぞれ、いろいろな話を聴いてみたいという人もいれば、信頼できる上司一人についていく、というタイプの人もいます。

上司というのは、たまたま「上司」という役割を果たしているに過ぎず、「人格者」や「能力者」という認定をもらった、というわけではありません。

「機能するリーダー」になるためには、部員が自分の得意なやり方で仕事をするのを、で

きるだけ許容し、温かい目で見守るようにした方がよいでしょう。

ですから、この例で言えば、やたらと聴き回るのは彼のスタイルであって、上司である自分とは何の関係もない、と割り切るのが一番です。

「相手が自分を信用していない」と感じるとき、私たちは相手と自分の双方にジャッジメントを下しています。相手に対しては、「直属の部下のくせに」というジャッジメントを。また、自分に対しては、「自分が何か不適切なことをした？」「自分はだめなリーダー？」というようなジャッジメントを、です。

それらのジャッジメントを信じ込んでしまうと、とてもストレスフルな状況となります。しかし、信じ込まずに、そっと脇に置いてみれば、ただの「聴きたがり」の部下の実像が見えてくるはずです。

機能するリーダーになるためには、部員が自分の得意なやり方で仕事をするのを、できるだけ許容し、温かい目で見守る。

LEADER 04

自分のジャッジメントを相手に押しつけない

人をジャッジするとき、その根底には、ある思考が働いています。

その根底にある思考とは「**相手は自分が思うように振る舞うべきだ**」というものです。

これは、ほめるなど、ポジティブなジャッジをする場合でも同じです。

「相手が自分の思うように振る舞ったから」ほめるというわけです。

しかし、**「機能するリーダー」になりたければ、人一倍「それぞれの領域」を意識する必要があります。**

「どうしてこんなこともできないんだ？」と思うような場合でも、そこには相手の「領域」内の事情があるはずです。56ページでお話ししたように、「インタビュー」によって相手の文脈に沿って改善策を考えた方が、お互いにとって建設的です。

いわゆる「毅然としたリーダー」の中には、相手の「領域」にまったく配慮しないことを「毅然とした態度」と勘違いしている人もいます。自分のジャッジメントを相手に押しつけて、「毅然としている」と自己満足に浸っているのです。これでは単なる「怖れのリーダー」です。本当の「毅然としたリーダー」とは、責任がきちんととれる人のことです。そういう人は、むしろ「領域」の意識をきちんと持った人の方が多いと思います。どこまでが誰の責任、という感覚がしっかりしているからです。

リーダーだからと言って自分の「領域」を部下に推測させるのは、よくありません。

私の反面教師は、入社当時の上司です。気分屋で、話しかけるタイミングが悪いと怒られました。自分は部下にそんな思いをさせたくないので、どんなときにも部下に話しかけられたら丁寧に対応するようにしています。でも、日々仕事に追われる中、ほんのささいなことで質問されたりすると、「そんなの自分で考えて」と、文句の一つも言いたくなることがあります。

「今は話しかけてよいときかどうか」というのは、自分にしかわからない、「自分の領域」の話ですね。**「自分の領域」に責任を持つというのは、自分にできること・できないことを相手に伝えること**です。

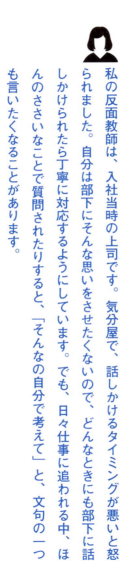

では、この方の元上司は適切な対応をとっていたのか、ということですが、それは違います。まずは、話しかけるタイミングを相手に読ませようとしている時点で、「自分の領域」に責任をとっているとは言えません。

いつ話しかけてよいかを示す一つの工夫としては、そのとき自分がどれほど受け入れ可能かということを、５段階くらいに分けて、「どれほど余裕がないか」を示す札をデスクに立てるなども一つの手でしょう。例えば、「締め切りまであと1時間！」などと紙に書いて、デスクの目立つ所に立てておくのです。

こうしておけば、よほどの緊急事態しか持ち込まれないですむと思います。

あるいは、「今、いいですか」と聴くところまでは共通のフォーマットとし、「1時間後にまた聴いて」「今答えてもいいけど、かなり雑な判断になるよ」などとコミュニケーションすればよいのです。相手のニーズに、ただただ振り回される必要はありません。「領域」意識を持つことが、自分も部下も守ってくれます。

リーダーは、自分にできること・できないことを相手に伝えるなど、「自分の領域」にも責任を持つ。

LEADER 05

人間として当然の反応を認める

リーダーと部下が人間として対等であるということは、リーダーにも当然、人間が共通して抱える問題は起こるということです。

50ページの例に戻りますが、「部下のくせに」という思いが一瞬起こることまで否定する必要はありません。もちろん上司も人間ですから、予期していなかった反論には、多かれ少なかれ衝撃を受けるからです。

衝撃を受けた心が、相手を「自分を攻撃する敵」とジャッジするのも人間としては自然な反応と言えます。

「リーダーは人格者であるべき」と考えてしまうと、ここで否定的な気持ちを持つことすら間違ったことのように思えてしまいます。

でも、それは人間として当然のこととして受け入れてよいのです。

ただ、そのジャッジメントにいつまでもとらわれているのか、それとも、しょせんは衝撃に誘発された自分のジャッジメントに過ぎないと気づいて、ファシリテーターとしての役割を取り戻すのかで、結果は大きく違ってきます。

もちろん前者は「**怖れのリーダー**」、後者が「**機能するリーダー**」です。

考えてみれば、全員が上司のイエスマンなのであれば、会議など開く必要もないでしょう。会議の目的はよりよい結論が出るよう、議論をもむことです。

自分に真正面から反論してくる、というのは、それだけ会議に参加してくれているという意味でもあります。

「おお、熱心に参加してくれてありがとう」とお礼を言ってもよいくらいです（繰り返しますが、反射的に嫌な気持ちになるのはまったく普通です。でも、気分を立て直して「そうか、この人なりに考えてくれているんだ。ありがとう」という気持ちになることもできますね）。

もちろん、常に否定的なことばかり言いたがる人もいます。そういう人は、自分の発言に責任を持っておらず、ただ人の足を引っ張ることだけに関心を持っているのかもしれません。よい代案を持っている人なのか、単なる批判屋なのかは、「自分だったらどうする？」という質問で看破可能でしょう。

自分のジャッジメントを押しつけない、「領域」意識を持つ

本章をお読みになって理解され始めていると思いますが、自分のジャッジメントを手放す、つまり、しょせんそれは「今の自分」が主観的に下した評価に過ぎない、と認めることで、人は「怖れのリーダー」ではなく「機能するリーダー」になることができるのです。自分のジャッジメントにこだわってしまうと、ネガティブな感情にとらわれ続け、いつまでも「怖れのリーダー」のまま、ということになってしまいます。また、きちんとした「領域」意識を持つことも、「機能するリーダー」になるために必要なことです。

しかし、「怖れを手放そう！」と思っても、それは決して簡単なことではないでしょう。**自分のジャッジメントを押しつけない、「領域」意識を持つ、ということが結果として「怖れ」の手放しにつながる**のですから、おもしろいものです。

部下に反論されたとしても動揺するのではなく、積極的な関与に対して感謝するぐらいの余裕を持つ。

第3章

「役割期待」という概念を身につけよう

LEADER

LEADER
01

「役割期待」のずれが、ストレスを生む

部下の悩みとしてよく聞くのは、「上司が何を考えているのかわからない」「上司が自分に何を期待しているのかわからない」というものです。

つまり、曖昧な指示であったり、顔色だったり、そういうものを部下に読ませている上司が多いのです。

あるいは、本人は何も読ませようとしておらず、部下を完全に放任しているため、困ってしまった部下が上司の顔色を自分なりに読みすぎている、ということもあるでしょう。

本書でぜひ、身につけていただきたい概念が「**役割期待**」というものです。

私が専門とする対人関係療法では、**あらゆる対人ストレスを「役割期待のずれ」**として見ます。

自分が相手に期待している役割を相手が果たしてくれていれば、ストレスは生じません。

しかし、自分が期待している役割を果たしてくれなかったり、やらないでほしいと思うこ

とをされてしまったりすると、ストレスに感じます。

あるいは、**相手が自分に期待している役割が、自分の苦手なことだったり、やりたくないことだったりするとストレスになります。**

「役割期待」は、あらゆる人に対して私たちが抱いているものです。

例えば、駅ですれ違う他人には、「知らない人」という役割を期待しているので、なれなれしい行動をとられると不快になるのです。

あるいは、新入社員に「緊張している」という役割を期待していれば、妙に態度の大きい新入社員を見て「まったく最近の若者は」と頭にくることでしょう。

職場においては、リーダーが部下に期待していることが満たされないと「どうしてこんなこともできないのか！」という不満につながります。

また、部下から不適切な役割を求められると、「なぜこんな忙しいときに」「どうして自分でやらないのだ」「そんなことが自分にできるだろうか」などと、不満や不安を感じることになります。

これらは総じて、「役割期待のずれ」ということになります。そのずれがストレスを生むのです。

「役割期待」を身につける

自分が相手に期待している役割を相手が実行してくれないので、「どうしてこんなこともできないんだ！」と不満を感じるのです。部下は、自分が望まない役割を期待されると、やる気を失ったり、「とても、できない」と不安に圧倒されたりします。

「役割期待」を伝達・調整する力ギはコミュニケーション

役割期待に「ずれ」はなくても、それらを伝えるコミュニケーションが乏しいためにストレスにつながることも少なくありません。

例えば、曖昧な上司は、部下への役割期待を適切に伝えていないと言えます。きちんと伝えれば、それは部下にとってやりがいのある仕事となるかもしれません。

しかし、伝えていないために、顔色を読むという余計なエネルギーを部下に使わせてしまいますし、部下は期待を読み違えて不適切な仕事をしてしまうかもしれません。部下は超能力者ではないのですから、言葉で伝えずに適切な仕事をさせようとしても無理です。

つまり、**「機能するリーダー」とは、相手に期待する役割を適切に伝えられる人**、ということになるでしょう。

対人関係のストレス＝役割期待のずれ

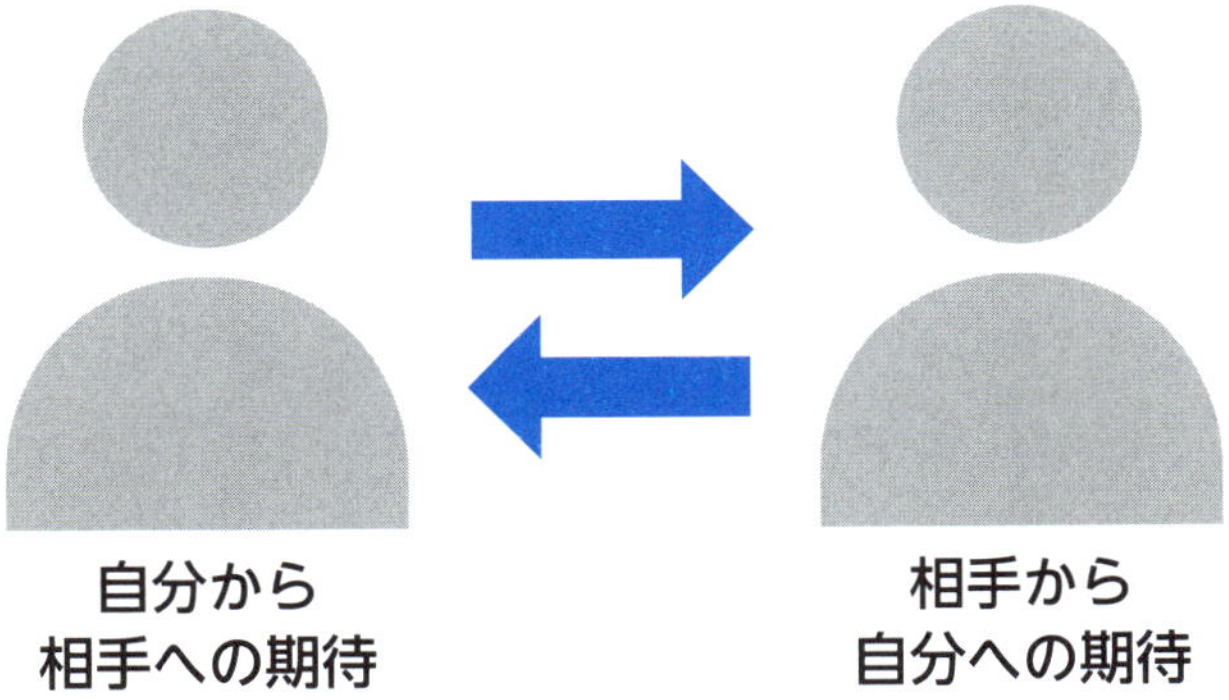

役割期待を相手に確認するためのポイント

「自分は相手にどのような役割を期待しているのか？」

「相手は自分に何を期待しているのか？」

「役割期待を、どういう言葉で相手に伝えているのか？」

「役割交渉するとしたら、どういう言い方がよいのか？」

「〇日までに、×をやってください。その際、最も注意してほしいのは△です。不明なところは、いつでも質問してください」というふうな伝え方をすることで、ずれを防ぐことができます。

このときに、「×」という結果を出すために「最も注意してほしいのは△」ときちんと伝えておくことが大事です。そうしないと、とんでもない方向に進んでしまいかねません。

また、こちらが伝える「役割期待」が相手にはとても無理だったり、やりたくない仕事だったりしたときは、十分なコミュニケーションをとって、お互いに役割期待の交渉に入ればよいのです。

例えば、「今そういう指示を受けて、どう思いましたか？」「何とかできそうですか？」などとフォローしていけばいいでしょう。

そもそも、「リーダー」と言うとどうしても「人を引っ張っていく役」と思われがちかもしれませんが、「管理職」という言葉にすると、部下の働き方を管理する人、つまり、期待する役割を調整して部下に果たしてもらう人、という意味にとらえやすくなります。

「よい管理職でいるべき」という「べき」で縛ってしまうとストレスフルですが、「**相手に期待する役割を伝え、それがうまくできるように一緒に工夫していく立場**」と考えれば、

「べき」とは無縁でいられます。

本当に、人はそれぞれですので、一人一人にとって働きやすい条件は違うのです。役割期待の交渉は、その「働きやすい条件」を知ることにつながります。

「今そういう指示を受けて、どう思いましたか？」「何とかできそうですか？」という質問があるのとないのとでは、まったく結果が違ってくるでしょう。

場合によっては、「×をやってほしい」ということすら、現場を知る部下から見れば非効率で、「◇の方が話が早いような気がするのですが」という意見が出てくるかもしれません。

部下からこう指摘されると上司としては衝撃を受けるでしょうが、結局のところ仕事の効率が上がれば、それは自分の業績につながります。

でも、上司にも、衝撃から立ち直る時間が必要です。そういうときは、「考えておこう」とその場を切り抜け、感情がおさまったらよく考えてみるとよいでしょう。

あらゆる対人関係ストレスの原因は「役割期待のずれ」にある。

LEADER 02

まずは相手に対する役割期待を考えてみよう

部下を見て、「どうして自分のようにできないのだろう」という不満を抱くことは多いと思います。それ以外にも、様々な不満を感じてしまうこともあるでしょう。

ここまでは普通の話です。

ただ、「役割期待」という概念を持ってくると、どうなるでしょうか？

例えば、「いつも遅刻ばかりで時間にだらしがない！」という不満は、「定時に出勤してほしい」という役割期待が満たされていない、ということになります。

すると、叱るのではなく、「どうすれば定時に出勤できるのか」という話し合いをすることができます。

もしかしたら睡眠障害を持っていて、治療が必要なのかもしれません。

あるいは、「注意の障害」（168ページで詳しくお話しします）を持っていて、ついつい余計なことに気が散った結果、遅刻してしまうのかもしれません。

本人が仕事の成果重視主義で、「成果さえ上げればいいだろう」と、遅刻そのものをあまり問題視していない可能性もあります。

このあたりを一対一で話せば、事情はかなりわかってくるでしょう。

「お前は何で時間にだらしないんだ！」と叱られるよりも、「どういうふうにすれば定時に出勤できるだろう」「どうしても定時の出勤が無理だったら、働き方の全体を、一度みんなと話し合った方がいいな」と話したりする方が、成果が多そうですね。

このケースの場合、役割期待は「定時に出勤すること」から、「一定以上の成果を上げること」へと変わります。

あるいは「遅刻分の残業は必ずすること」に変化させることもできるわけです。この方が、ただ毎日「また遅刻か！」と怒っているよりも、ずっとストレスが少ないでしょう。

しかし、これらをきちんと交渉して正確に伝えるには、やはり直接的な言葉が必要です。どんな話し方がよいのか、ということは後でお話しします。

相手の行動に不満があるときは、役割期待にずれがないか、話し合いをして確認する。

LEADER 03

部下が自分に期待している役割も知ろう

自分が相手に期待している役割があるように、相手もこちらに対して期待している役割があります。もちろん、大雑把に言えば「よいリーダーでいてほしい」なのでしょうが、日常の細かい場面では、もっと具体的な期待を知る必要があります。

相手が自分に期待している役割については、実は、案外勘違いしていることが多いものです。

「毅然としていないと、よいリーダーだと思ってもらえない」と、細かな説明を避けて無表情でいるとき、部下は「事情さえ説明してくれればもっと協力できるのに」と思っているかもしれません。

あるいは、何らかの危機に見舞われたとき、リーダーが「部下を動揺させるのはよくない」と勝手に思い込み、情報を小出しにすることが、いちいち部下に衝撃を与え、「まだ何か隠しているのではないか」という部下の警戒心や不信感を招くこともあります。この例では、部下は「自分たちの職場のことなのだから、本当のことを全部教えてほしい」「嫌な話は一回ですませてほしい」などの期待をしているということになります。

このようなずれがなぜ起こるのかというと、基本的には思い込みによるものです。

相手が何を期待しているのかを、自分のジャッジメントに基づいて決めている、とも言えます。ですから、これも「怖れのリーダー」の姿なのです。

「毅然としたリーダーだと思われなかったらどうしよう」「危機を伝えたとき、皆のパニックに応えられなかったらどうしよう」というような怖れに基づいて、自らの役割を決めているようなものなのです。

でも、実際に相手はどう思っているのか？　ということを確認してみるリーダーは、決して多くないのではないでしょうか。

そして、本来期待されていない方向にエネルギーを使ってしまい、消耗したり信頼感を減じたりしてしまうこともあると思います。

何かがうまくいっていないと感じるときは、自分が何を期待されているのか、相手に聴いてみると役立つことが多いものです。

親の後を継いで経営者になったのですが、古参の部下は多くが自分よりも年上で、経験も長い人ばかり。馬鹿にされないように、と自分の威厳を保つのに必死です。どうしたらいいでしょうか？

このケースは、まさに「怖れのリーダー」になってしまっているのですが、本当に「古参の部下」が、この人が考えているような役割を期待しているのかは、大いに疑問です。若く経験も浅い「二世」であることくらいは、誰が見てもわかります。それでも、そこに留まって働いてくれているということは、「自分たちの経験を活かして、大きなリーダーに育ってほしい」「前社長と一緒につくり上げてきたものを、きちんと継承してほしい」という期待を持っているのかもしれません。

あるいは、単に生活のために、仕事をやめずにいるのかもしれません（それでも、本当に苦しければやめるはずですから、まあまあの環境なのだと思います）。

そんな場合には、とってつけたような威厳を保とうとするよりも、「若輩者ですが、皆さんの力で育ててください」というような腰の低い姿勢の方が、ずれが少ないかもしれません。やたらと偉そうな現在の姿勢を見て、「ああ、この会社ももう終わりだな」「こんな人でも、いつかは成長するのだろうか。そんな期待は無理か」などとため息をついているかもしれないのです。

逆に、相手は「二世」の経営者を教え、育てようとしてくれているのかもしれません。でも、「二世」の経営者が威厳を示そうとしてとっている言動が、それを阻んでいるだけでなく、双方のストレスになっているかもしれないのです。相手の期待を確認してみることは、とても大切なことです。

特に、自分よりも経験年数の長い部下には、「私がどう動くことが最も会社の役に立つと思いますか？」と直接聴いてみればいいと思います。

保険の営業所のマネジャーをしています。職場はほぼ女性ばかりです。しかも、自分とは歳の離れた人も多く、コミュニケーションをどうとったらいいのか、よくわかりません。もともとの家庭環境も男兄弟ばかりで、かつ男子校出身なので、あまり女性が得意ではありません。どうしたらいいでしょうか？

こんな場合には、あらかじめ「女性が苦手」ということを、はっきりさせておくのがよいでしょう。女性の中には、「本当は何か考えがあるのだろう」などと上司の裏を読もうとして、事態を案外複雑にする人もいるからです。

「怖れのリーダー」になって、女性についての勝手な思い込みから行動するよりも、「自分は男兄弟ばかりだし、男子校だったから、女性のことはよくわからない。表裏の使い分けもできない。きっと気が利かないこともあるはずなので、そういうときには直接言ってほしい」という姿勢を貫くのです。

176ページで改めて「お局《つぼね》さん」についてお話ししますが、女性の社会は実に微妙なバランスの上に成り立っているのが一般的です。

ですから、女性についての研究を進めるまでは、「職場は仕事の場」と淡々と過ごし、問題が起こってきたらまず「お局さん」に相談してみるとよいでしょう。「お局さん」は、母親のように頼られるのが案外好きだからです。

何かがうまくいっていないと感じたら、自分が何を期待されているのか、相手に聴いてみる。

LEADER 04

自分に対する役割を調整してもらおう

プロジェクトリーダーになったのですが、人前で話すのがとにかく苦手です。仕事をやめたいくらいに思い詰めています。どうしたらいいでしょうか。

リーダーと言うと、どうしても人前で堂々と話す、というようなイメージがつきまとうかと思います。

もちろん、メッセージは直接伝わった方がよいですから、人前で堂々と話すに越したことはないのでしょうが、スピーチに不安を抱えているからと言ってリーダーとして機能しない、ということはありません。

この点については220ページでお話ししますが、一番大切なのは**「自分は人前で話すのが苦手」ということと、「だからと言ってリーダーにふさわしくないわけではない」ということの両方を、知っておくこと**です。

リーダーも人間ですから、決して完璧な存在ではあり得ません。苦手なこともいろいろあるでしょう。それを否定しても始まりません。

重要なのは、**自分の「苦手」を知っておくこと**です。それこそ、「機能するリーダー」の条件です。

自分の「苦手」をきちんと認識していなければ、部下が自分に不可能な役割期待を求めるのを食い止めることができません。

求められるがままに、苦手な方向に突っ込んでいくと、「自分はだめだ」「リーダーなんて無理だ」と自己肯定感を下げることになってしまいます。

実際に、プロジェクトリーダーとしての能力は十分にあるのに、単に人前で話すことの負担から、会社をやめてしまう、などというケースもあります（そういう人は「社交不安障害」と診断され、治療の対象となります）。

220ページで改めてお話ししますが、**自分が苦手な領域は「サブリーダー」に頼んでよい**のです。

それを「リーダーのくせにこんなことを人に頼むなんて……」とネガティブにとらえるか、「自分の欠点を逆に活用して、部下の優れたところを引き出し、活用している」とポジティブにとらえるかで、リーダーとしての自己評価は180度変わってしまいます。

前者は「怖れのリーダー」、後者は「機能するリーダー」ですね。

仕事の割り振りを考えるのはリーダーの権限ですから、**自分の力で、自分を支える存在を作りだせばいい**のです。

「怖れのリーダー」を抜け出すことは、自分でできるのです。

自分が苦手な領域の役割は「サブリーダー」に依頼する。

第４章

上手なファシリテーターになろう

LEADER

LEADER 01

上手なファシリテーターになるためのコツ

リーダーはファシリテーター（促進役）と考えよう、ということを36ページでもお話ししました。

ファシリテーターとは、会議の場などで参加者から意見を引き出したり、出た意見をもんだりして、議論を促していく進行役のことです。

管理職やリーダーがやるべきことは、「立場が上である自分」の意見に従わせるのではなく、それぞれのメンバーが持っている才能や可能性を最大限に引き出して成果に結びつける、ということです。

しかし、すべての人が、ただ任せて放置しておけば自分の可能性を最大限に発揮して働いてくれるわけではありません。

そこでリーダーや管理職に求められる役割が、ファシリテーターというわけです。

「機能するリーダー」とは、上手なファシリテーターであるということです。

上手なファシリテーターになるためには、次のような点に配慮する必要があります。

1. 相手を変えようとせず、変わりやすい環境をつくる
2. アドバイスは避け、教育（専門的助言）をする
3. ジャッジメントを手放して上手に注意をする
4. 一対一の話し合いが適する場合と、グループでの話し合いが適する場合を区別する
5. 職場の基準をつくる
6. 必要なプロセスは見守る

以下では、右の6つのポイントそれぞれについて、詳しくお話ししていきます。
なお、ファシリテーションのさらに具体的な技術論や方法論については、そのための専門書がいろいろ出ていますので、そちらも参考にしてください。

機能するリーダーとは、上手なファシリテーター。

LEADER
02

❶相手を変えようとせず、変わりやすい環境をつくろう

全ての前提として、ここで確認しておきたいのは、「**人を変えることはできない**」ということです。

もちろん、無理やり命じれば行動を変えることはできるでしょうが、また同じ問題がぶり返したり、恨みに思われたりしてしまいかねません。

相手への役割期待は、相手にとっても納得可能なものでなければ、単なる一時しのぎにしかならず、本当の意味では満たされないのです。

そもそも、**私たちは相手に変わってほしいと思うとき、相手の人格をどこかで否定しているもの**です。

しかし、人格否定されて可能性を最大限に発揮してくれる人などいません。役割期待を伝える際にも、それは「行動」についてのものであって、「人格」についてのものにならないように、気をつける必要があります。

「もっと社会人としてきちんとしなさい」ではなく、「朝はちゃんと『おはようございます』と挨拶してね」ということなのです。

また、56ページで「インタビュー」についてお話ししましたが、**自分が相手に不満を感じるときには、ただちにその批判や是正に入るのではなく、まずは「相手はなぜそんなやり方をしているのか」を知ることが重要**です。その際、自分のジャッジメントはかなり邪魔になりますので、それをいったん脇に置きながら、本人の話を聴くようにします。

また、これも56ページでも言いましたが、**「インタビュー」の際の一番の目標は、「なるほど」の瞬間を得ること**です。「なるほど」の瞬間については、136ページで改めてお話しします。

自分の価値観に照らし合わせてジャッジメントをしている限り、相手の言っていることは到底「理解不能」でしょう。

しかし、**ジャッジメントを手放しながら話を聴いていくと、相手なりの文脈が見えてきます。**そこが「機能するリーダー」の力です。

相手の価値観は自分から見れば「非常識」かもしれませんが、その「非常識」というジャッジメントも手放して話を聴いていくと、「そういう価値観を持った人なら、こういう行動になるだろう。なるほど」と腑に落ちることがあるのです。腑に落ちたら、その延長線上で相手にプラスアルファの注文をつけることもできるでしょう。

なお、ジャッジメントを手放しながら話を聴くということについては、第5章で詳しくご説明します。

ここでは、ジャッジメントが真の理解を妨げる、ということを概念としてつかんでおいてください。

相手が変わりやすい環境をつくろう

「なるほど」の瞬間が訪れさえすれば、「よくわかった。そういうことなら、こういうやり方はどうだろう?」と、現状を肯定した上で行動の改善を求めることができます。人を変えることはできないけれども、変わりやすい環境をつくることはできるのです。それが、「**現状の肯定**」だと言えます。

つまり、今やっていることを否定された上で指示を出されるのか、今やっていることを「よくやっている」と肯定された上で、「さらにこうした方がいいよ」と言われるのかで、人の受け止め方はまったく違ってくるのです。

例えば、何度も書類の確認ばかりして、なかなか提出しない人がいるとします。その人に対して、「仕事が遅い」「できない」とジャッジすることは簡単ですが、そもそも、なぜ、その人は確認ばかりするのでしょうか？

そこで役立つのが「インタビュー」です。

「見ていると、ずいぶん確認を慎重にしているみたいですが、何か思うところがあるのですか？」と聴いてみればいいでしょう。

「実は以前に、確認を怠って取り返しのつかないミスをしたことがありまして。そのときのことがいつまでも頭に残っていて、いくら確認しても『もしかしたらまだ足りないのではないか』と思ってしまうのです」という話が聴けるかもしれません。

25ページでもお話ししましたが、人は衝撃を受けると、万事に警戒的になります。「もしも確認もれがあったら……」という強迫観念から逃れるのは、簡単なことではありません。

そんなときには、「では、一度だけ確認して私のところに持ってきてください。あとはこちらで確認しますから」と、最終責任を引き受けてあげると、余計な時間を使わなくてすむようになります。

もちろん、いつまでも最終責任を引き受けるのも大変ですから、しばらく様子を見た上で、頃合いを見計らって、こんなふうに言えばいいでしょう。

「この半年間、一度も必要な訂正はありませんでしたよ。だから、一回だけ確認すればもう十分だと思います。まあ、おまけでもう一回するとして、確認は二回だけというルールをつくって大丈夫ですよ」

こう伝えてあげれば、その部下は、「確認を怠ったためひどいミスをした」という過去から自由になっていけると思います。

そのような事情を抱えた人に対して、「仕事が遅い」「できない」と怒鳴り散らしたら、ますます萎縮して確認時間が延びてしまうでしょう。


人を変えることはできない。部下の働きぶりに不満があるときは、まずは現状を肯定した上で行動の改善を求めるようにする。

LEADER
03

❷アドバイスは避け、教育（専門的助言）をする

先日、部下が仕事のことで相談に来ました。以前に私が担当していたクライアント先のことだったので、懇切丁寧に話をしました。「参考になりました」と言っていたのですが、その後、私がアドバイスしたことを仕事に活かしている節がありません。スルーされたようで、ちょっと腹立たしく思っています。こんなことでイラッとするのは、人間の器が小さいからでしょうか？

アドバイスをした後に、それが実行されずイラッとするのは、人間としてはむしろ当然の反応だと思います。特に、器が小さいということはないでしょう。

それは、アドバイスというものが、もともとそういう性質のものだからです。

基本的に、アドバイスはおすすめしません。

なぜなら、**アドバイスには「現状ではだめだから、こういうふうにしたら？」という、**

現状否定のニュアンスが必ず含まれるからです。

現状否定自体が相手を傷つけますし、アドバイスされた人が往々にして感じるのは、「それができるならとっくにやっているよ」「何も事情を知らないくせに」「そんなことはもうやってみたよ。それでだめだから相談しているのに」というような気持ちが多いでしょう。あまりポジティブな展開にはならないのです。

熱心におすすめしたのに言う通りにしない、という姿を見てイラッとするとしたら、それは自分がアドバイスをしたという証拠です。ちなみに、**アドバイス好きは「怖れのリーダー」**です。相手には相手の事情がある、という「領域」概念がないからです。

教育(専門的助言)とは

だからと言って何も助言しないのでは、進歩も遅れてしまうでしょう。それでは、上司や先輩として、ちょっと物足りない感じがします。

また、部下本人にとっても、そのときの自分が本当に求める情報が得られれば、とても助かるはずです。

そうすれば、仕事の効率も高まりますから、リーダーとしても嬉しい結果になります。

ですから、何も助言せずに放置しておけばよいのか、と言うとそうではありません。

アドバイスが現状否定に基づいたものであるとすると、ここでいう**教育（専門的助言）とは、現状を肯定した上で必要な情報を伝える**、という意味です。

ある知識がないために、自責の悪循環に入り込んでしまう人は、決して少なくないからです。

例えば、うつ病の人に、「自分が怠けていると感じるのは、病気の症状なのですよ。本当は一生懸命頑張っているのです。あなたはむしろ病気の被害者なのです」と伝えてあげることは、その人が引っかかっている悪いサイクルから抜け出すきっかけを与えます。

これこそが、「機能するリーダー」の仕事です。

自分がしているのがアドバイスなのか、教育なのかを見分ける簡単なコツがあります。

それは、相手がその通りにしないときに、不快を感じるかどうか、です。

アドバイスは、ジャッジメントの押しつけによるものと言えます。

ですから、相手がその通りにしないときに、自分（の主観）が否定されたような気持ちになるのです。それが、アドバイスが聞き入れられない場合の不快です。もちろん、これは「怖れのリーダー」がたどる道です。

教育であれば否定された感覚にはならない

しかし、教育の場合は違います。相手がその通りにしない場合、「ああ、役割期待としてこのレベルを求めるのはまだ時期尚早だったのだ」「ヒントだけあげたのだから、もう少し様子を見ながら待ってみようかな」という具合に、中立的にとらえることができます。「相手にとって時期尚早」という判断は、アセスメントと言えるものです。

もちろん、自分が否定されたという感覚にはなりません。「機能するリーダー」なら「自分が否定された」という感覚に陥ることは、ほとんどないと言えます。

アドバイスは、自分の言うことは正しいという考えに基づくものなので要注意。アドバイスではなく専門的助言をする。

LEADER 04

③ジャッジメントを手放して上手に注意をする

報告書や企画書の間違いを指摘したりすると、嫌そうに顔をしかめる部員がいます。こちらは親切心で言っているつもりなのですが、難癖をつけているように思うのでしょうか？　注意した方がよいでしょうか？

部下の「嫌そう」な顔が何を意味するのかは、もっぱら当人の「領域」内の話であり、真意は本人にしかわからないことです。

もしかしたら、失敗してしまった自分に腹を立てているのかもしれません。

あるいは、単に驚くと表情が険悪になる人もいます。注意に弱い自分自身が嫌いなのかもしれません。

私も（特に男性向けに）講演をするとき、「なんでみんな怒っているのだろう」「私のことが嫌いなのではないか」とかつて思ったことがあります。

でも、いろいろ「インタビュー」してみるとそうではなく、要は皆さん、緊張して「ちゃんと聴かなければ」と気合を入れると、あるいは講師に慣れて安心するまでは、顔が怖くなるようなのです。

つまり、私自身とは基本的に何の関係もない話だったのです。

ですから、「嫌そう」な表情を、必ずしも上司自身に関連づける必要はありません。

修正が必要なことであれば、それだけを指摘すれば十分で、そこに「難癖をつけていると思われるだろうか」などという「怖れ」を乗せる必要はないのです。

一般に、**嫌われたくないと思えば思うほど「嫌な上司」になります。**自己正当化が増え、聞いているだけで不愉快になるからです。「怖れのリーダー」が心から好かれ尊敬されることはないはずです。

しかし、「嫌われたくない」という「怖れ」を手放して臨むと、単に役割期待を伝えるだけの「さっぱりした的確な上司」ということになります。

いわゆる「注意上手」と言われる人たちは、さっぱりとしていて、皆さん、そんな感じの方が多いですね。

つまり、「嫌われたくない」という気持ちが、単に「アセスメントに基づいて役割期待を伝える」というだけのことを、まるで相手の人格をジャッジして否定するかのように感じさせるのだと思います。

だから、「自分は嫌な上司ではない」という根拠をメールに延々と書くなど、回りくどいことになるのでしょう。部下からすれば、「ただ改善すべき点だけを言ってくれればよいのに、面倒くさい上司だな」ということになりかねません。

自分に向けられるジャッジメントも、ネガティブな効果を生みやすい

多くの人が、注意をすることに苦手意識を感じていると思います。

なぜ、注意をすることが苦手なのかは、「怖れ」との関わりが大きいものです。

もちろん、最大の怖れは、「嫌われたくない」「嫌みな人間だと思われたくない」「器の小さな人間だと思われたくない」などでしょう。

もちろん、「相手を傷つけたらどうしよう」などという気持ちもあるとは思いますが、それも結局は「相手を傷つけてしまったら、上司としてどう思われるだろうか」というような気持ちと無関係とは言えないと思います。

ここで、「よい上司」でありたいという気持ちについて考えてみましょう。

誰だって「よい上司」と言われたいでしょう。

尊敬され、言うことを聞いてもらい、「あの人はすばらしい上司だ」と言われることは、とても名誉なことだからです。

しかし、そのためにリーダーとしての機能が落ちてしまうのでは、本末転倒です。「よい上司」と言われたくて、自分が全部仕事を抱え込んでしまったり、部員に注意できなかったり、という人もいると思います。これはつまり、「よいリーダー」（機能するリーダー）と言われたくて、「怖れのリーダー」（機能するリーダーの対極）になってしまっているということです。

なぜ、こんな本末転倒が起こってしまうのかと言えば、それは、自分に対するジャッジメントによるところが大きいのです。

「自分がどう思われるだろうか」を気にするあまり、リーダーとしての本来の機能を果たせていないと言えます。

ジャッジメントは、それが他人に向けられる場合にも、自分に向けられる場合にも、ネガティブな効果につながりやすいのです。

人には、それぞれやりやすい仕事の仕方がある

繰り返しますが、リーダーの役割とは、第一にはファシリテーターです。

能力があるはずの部下の自発的な力を引き出すのが、上司としての機能です。

上司が一人で抱え込むのでは、結局は「優秀な上司が一人いる」以上の成果は見込めません。

あるいは、上司のやり方を部下にも強要する、ということだと、部下は自分には合わないやり方で生産性を下げてしまうか、あるいは「強要された」ということで反抗心が生まれてしまい、自発性や積極性も失ってしまいます。

それぞれの人には、それぞれにとってやりやすい仕事の仕方があります。

もちろん、それにこだわることが正しいわけではありません。

ただ、人のやり方を見て、「ああいいな、まねしてみよう」と見習う気持ちになって取り入れるのか、「こうしなさい」と強要されるかでは、心持ちがまったく違ってきます。

これも、否定した上で変化を求めるのか、肯定した上で改善を進めるのかと同じ話です。

現状を肯定されて初めて、他人の仕事ぶりを見て「まねしてみよう」と思えるのです。肯定された自分を、もっと向上させたいと思うからです。

これなら強制によるエネルギーの消耗を防ぎ、予想以上の結果が期待できます。

こうして全体を見てくると、ジャッジメントは、相手に対しても、自分に対しても、要注意なものだということがおわかりでしょう。

「よいリーダー」はジャッジメントを手放せる

リーダーとして非生産的な状況に陥っているときは、そこにどんなジャッジメントがあるかを考えてみるだけでも、事態が改善するでしょう。

原則として言えるのは、**「よいリーダー」とは、ジャッジメントを上手に手放せること**(自分のジャッジメントは今の自分の主観に基づくものに過ぎない、と認めること)。ジャッジメントにとらわれていく自分の姿を見つけることができれば、それが手放しの第一歩となります。

その際のポイントは、**ジャッジする自分に落ち込んだり、言い訳したりしないこと。**

「ああ、自分は今、こんなジャッジメントをしているんだな」と、そのままの自分を見つめれば十分です。

「だって」と言い訳したり、ジャッジする自分に落ち込んだりしていたら、いつまでたっても「手放し」に到達することができなくなってしまいます。

ジャッジメントする自分をジャッジメントしていたら、「複合汚染」になっていくばかりです。

「今までずっとジャッジメントの世界にいたのだから仕方ないな。でも、手放せるよう意識を持っていこう」で十分なのです。

嫌われたくないと思えば思うほど「嫌な上司」になる。「よいリーダー」は、ジャッジメントを上手に手放せる。

リーダーとは
リーダーの「資質」
「役割認識」を身につける
上手なファシリテーター
求められる「聴く力」
身につけたい「話す力」
タイプを知る
メンタルヘルスに注意
リーダーの対処方法

LEADER 05

❹一対一の話し合いが適する場合と、グループでの話し合いが適する場合

何らかの問題を解決する際には、一対一で話した方がよい場合と、チーム全体に投げていろいろと話し合ってもらった方がよい場合があります。

一対一で話した方がよいケース

一対一で話した方がよいケースは、例えば次のような例です。

営業部全体にやる気が見られません。営業成績も目標達成にほど遠い状況です。会議で確認しても、皆、「できることはやっています」「売り上げ向上策を指示するのが上司の仕事でしょ」などと言う者もいます。上司の自分に威厳がないからなめられているのでしょうか？

この状況で必要なのは、**一人一人との面談**でしょう。

「無責任状態」は、集団として扱うことのデメリットの一つです。

集団として扱うと、自分で責任をとらなくてもよい気持ちになります。

また、自分が一人の働き手として尊重されていないと感じさせてしまうこともあります。

人は、ある程度状況がきつくても、「必要とされている」「頼りにされている」という感覚が持てれば、それなりに努力してくれるものです。

個別の面談を行い、よく「インタビュー」し、仕事の中で難しいと感じているところを十分に聴き出す必要があります。

いじめの論理がそうなのですが、人は複数でつるむと他人をバカにするような風潮を作り出しやすくなります。しかし、一対一でじっくり話してもなお、上司をバカにし続けられる人は、決して多くありません。

忘年会や新年会、歓送迎会などの飲み会にほとんど出ない部員がいます。酒が飲めないからということなのですが、部のまとまりや雰囲気に水を差すようで困っています。注意するべきでしょうか。

やはり、これも一対一で「インタビュー」した方がよいケースです。表向きは「酒が飲めない」という理由を述べていても、本当は複雑な事情があるのかもしれません。

複雑な事情がわかり、「なるほど」が訪れれば、職場から浮かないようにするための工夫を本人と相談してみてもよいでしょう。

もちろんその「事情」を部全体で共有できれば何よりですが、「事情」の内容次第では、プライバシーを尊重した方がよいでしょう。

そんなときには本人と話し合い、「家族の介護がある」など、理解が得られやすい、より一般的な理由を活用してみるのもよいと思います。

本人がどうしても「そんな方便は使いたくない」という性格でしたら、「節目となる重要な会合のときは、せめて乾杯まではいる」などという役割期待で妥協できるかもしれません。

部下が、今の職場では自分のよさが活かせないので、〇〇の部署に異動させてほしいと複数回にわたって訴えてきます。どうしたらいいでしょうか？

こんな場合も、一対一の「インタビュー」が有効です。「今の職場では自分のよさが生かせない」と言っても、その背景には様々なものが考えられます。

まず、そこにどんな真の理由があるのかを知らなければ、対応もできません。

「インタビュー」して、本当の理由がわかり「なるほど」となれば、多くの場合、配置転換を現実的に検討することになると思います。

ただ、どこの職場に移っても同じ問題が繰り返されるだろうと推測できる場合には、教育的な関わりが必要となるかもしれません。

「どうして我慢できないの？」という否定的なトーンはＮＧ

リーダーに必要なのは、部下に対する、基本的な信頼です。

「この部下がこれだけ執拗に頼むのには、それなりの理由があるのだろうな」という受け止め方です。

もちろん、配置転換の必要性は、部下個人の欠点からくるのかもしれません。今の部署で、誰かととても気まずいことになってしまったのかもしれません。

こんなときに必要なのは、やはり「インタビュー」です。

「理由を聴いてみる」ということはいろいろな方がしているでしょうが、「インタビュー」をきちんとする際の基本姿勢は、「どうして我慢できないの？」という否定的なトーンではなく、「あなたほどの人間が配置転換を求めてくるには、それなりの理由があるに違いない。それをわかりやすく話してくれませんか？」というスタンスです。

実際に「インタビュー」してその内容を確認し、本当に必要だと思ったら配置転換すればよいでしょう。

あるいは、話を聴いて、「そういうことならこうすればよくなるんじゃない？」と相手の悩みの文脈に従って、新たな視点を提供することもできます。

部下を信頼し、現状を肯定することが基本

「怖れのリーダー」の中には、「部下の要望を聴いたら組織が壊れる」と思い込んでいる人もいるかもしれません。しかし、理にかなっていることは、どんな人にとっても安定感をもたらします。

誰かに多少負担を強いる結果になるとしても、「まあ、現実は現実だ」と割り切ることができるからです。

小さい子どもを抱えた母親が、保育園からの急な呼び出しで早く帰らなければいけない、ということがあります。すると、独身の人にとっては仕事量が増える「嫌なこと」になりますが、迎えに行かない方がよい、という結論にはならないはずです。

人間は「不愉快だけれどやむを得ない」ことは、人道的に知っているのです。

職場にうつ病の人がいて、休職するということになれば、より多くの仕事を引き受けるのもやむを得ないと思えるでしょう。

また、部下の話を聴いてみると、もしかしたら、その部署特有の問題が浮かび上がってくるかもしれません。

なお、「わがまま」としか思えない相手の言い分をよく聴いてみる、ということについては、それなりの意識が必要です。

最初から「わがまま」という先入観によるジャッジメントが入ってしまうと、あらゆる話を「わがまま」というフィルターを通して聴くことになってしまい、うまく「インタビュー」ができなくなってしまうからです。

「どんな人も、できるだけのことをしながら生きている。ただ、事情によって出来が十分でなくなる場合がある」と理解しておけばよいでしょう。

そうは言っても、どこまで話を聴いても「他の人はみんな我慢していることなのに」としか思えない場合は、それを「文化の違い」としてとらえてみてはどうでしょうか。外国育ちの人など、自己犠牲が当たり前の日本文化になじめない人はいます。「文化の違い」というとらえ方は、ジャッジメントではなくアセスメントということになり、お互いに共有することができます。

もちろん、その人が実際に外国育ちである必要はありません。ただ、価値観がかなり違うということは、やはり「文化の違い」なのです。

その上で、「でもこの職場でやっていくには少しずつ調整していかないとだめだよ」という目標が共有できたら、あとは実践あるのみです。

いきなり完璧を求めたりせず、「少しは慣れてきた?」などと確認していくのがよいと思います。「この環境になじむ」という課題をオープンにすれば、周囲からもポジティブな理解が得られるはずです。

こんな例でも「それはわがままとしか言えないよ。そんなわがままでは、世の中、渡っていけないのでは」などとジャッジメントに基づいたことを言い続けていたら、本人の前向きな気持ちを引き出すことはできないでしょう。

やはり、**基本は、部下を信頼すること、現状を肯定すること**です。

「現状の肯定」という概念に抵抗がある方は、「現実は現実と認めること」でもよいと思います。

グループで話し合った方がよいケース

仕事中、部員同士の雑談が多く困っています。もっと仕事に集中してほしいのですが、あまりガミガミ言うのもはばかられるかなと静観しています。たまには何か言ったほうがいいでしょうか？

ここで何も言わないのは、いかにも「怖れの上司」ですね。「嫌われたくない」「心の狭い上司だと思われたくない」という思いがその基本にあることでしょう。

もちろん、人間ですからそういう気持ちが生じること自体仕方ないのですが、やはり上司として機能するには、必要な注意はした方がよいでしょう。

ただ、このようなケースの場合、リーダーが「注意」という形で振る舞っている限り、「大人が子どもを注意している」みたいな構造になってしまいます。それはそれで大変な問題です。

「子ども」として扱われた人たちは、責任ある大人として振る舞わなくてよいという免罪符を与えられたようなものだからです。

「自分が見ていると、仕事中の雑談が多すぎるように思う。そのことをどう考えるか」というテーマを投げて、部員に話し合わせる方がよほどよいでしょう。

その際、「上司としてサポートできることがあったら言ってほしい」という条件もつけておけば、全体の様子がよりわかると思います。

ただ、雑談をして時間をつぶしていた人たちも、「自分には何ができるか」を真剣に考えてくれると思います。

チームの一員としての自覚を促したいときは、グループで話し合う

「一対一での話し合い」がよいか、「グループでの話し合い」がよいか？

これを一言で言えば、チームの一員としての自覚をきちんともってもらいたい、もっとチームに参加してほしい場合には、グループでの話し合いが向いています。

また、安全な環境でその人の「領域」についてじっくりと話し合いたいときは、一対一が向いている、ということになります。


部下を信頼すること、現状を肯定することがリーダーの基本的な心構え。

LEADER 06

❺職場の基準をつくろう

新入社員で朝、挨拶もしないで、無言で席に着く部下がいます。挨拶は基本の基本。他の部員も気にしているようです。上司である私が注意するべきでしょうか?

これは、管理職の本領が発揮できる場面と言えます。

なぜなら、それは「**職場の基準をつくる**」ということだからです。

一人の人に対して注意をすると、その人は自分が批判されたと思いますから、当然抵抗や反発を招きます。

特に、それがみんなの前で行われたとすると、侮辱的にもなります。

上司としては「みんなの前で毅然と」と思うかもしれませんが、あまりプラスはないでしょう。

それよりも、「うちの職場では最低限のルールとして、みんな『おはようございます』『失礼します』だけはちゃんと言い合いましょう」と「職場の基準」を明るくつくることで、個人的な反発を招くことを防げます。

ただし、「職場の基準」をつくる際には、理由を明確にする必要があります。

まず、自分自身に、「なぜ自分は挨拶をするのか」「なぜ、挨拶をしない人は感じが悪いのだろうか」などと問いかけてみましょう。

「挨拶は社会生活の基本だから」かもしれませんし、「今日も一緒に頑張ろうという意思の確認」「同じ職場で働く者としての敬意の表現」かもしれません。

基準をつくっても従わないようであれば、一対一で話す場を設けて、「挨拶もできないくらい状態が悪いみたいだけど、大丈夫？」などと、その事情を聴いてみるとよいでしょう。第５章も参考にしてください。

機能するリーダーは、働きやすい職場の基準をつくる。

LEADER
07

❻必要なプロセスは見守ろう

職場の部員のAとBの仲が悪くて、職場の雰囲気がよくありません。二人のコミュニケーションも当然うまくいかず、仕事面でも非効率なことが生じています。二人を注意するべきでしょうか？　どちらかを異動させた方がいいでしょうか？

もちろん異動が簡単な職場で、かつ本人が同意するのであれば、異動というのはよい解決策だと思います。

しかし、相性の悪い人同士が一緒に働くということを完全に避けるのは不可能でしょう。人間それぞれ、いろいろな特徴を持っているからです。

それにしても、なぜ、この二人は仲が悪いのでしょうか？　仕事に対するスタンスの違いでしょうか。あるいは、もっと複雑な事情があるのでしょうか。

一度、時間をとって、それぞれ一人ずつ「インタビュー」してみることをおすすめします。

「私から見ると、Bさんとの関係がかみ合っていないようだけれど、何かあったのですか」などと、誰に対しても失礼でない聴き方をすればよいでしょう。

「インタビュー」で、じっくりと聴いてもらうだけで、心の態勢が少し違ってくる人も少なくないと思います。

何であれ、トラブルがあるところには、傷ついた心があるはずです。安全な環境でそれを聴いていくことは、明らかに癒やしにつながります。

しかし、リーダーにできるのは、ここまでです。

じっくりと聴いてもらえた部下は、リーダーへの信頼感を持つでしょう。

それがまた、二人の関係性にもだんだんと変化をもたらしていくのではないかと思います。

しかし、仲の悪い二人の関係性にも、プロセスがあります。上司に話をよく聴いてもらって癒やされた心は、相手を見る際にも寛大になっているかもしれませんが、それがどれほどの時間を要し、どれほどの効果が得られるのかは、状況によります。

「職場に問題が一つでもあってはならない。それでは上司として失格だ」などと決めつけないようにしてください。これもジャッジメントの問題になり、「怖れのリーダー」ということになります。

人間が集まれば、その数だけトラブルが生じてもおかしくはないからです。トラブルゼロの職場を完璧主義的につくろうとしないでください。

ただ、職場の雰囲気に悪影響を与えている二人のそれぞれが、上司のことだけは信頼できる、と思うことができれば、プロセスは前進していくでしょう。

一人の対等な人間として話してみる

入社5年目の部下ですが、何やら転職を考えているようで、仕事に身が入っていないのがあからさまです。こそこそネットを見たり、私用の携帯電話で席を離れたりの行動が目につきます。自分との折り合いもあまりよくないので、そうしたこともあり転職を考えているのかもしれません。上司としては、どう対処したらいいでしょうか。

原則として、その人の人生はその人のもの。転職したいのであれば、それはその人の権利でしょう。ただ、初めから転職ありきで現在の仕事がおろそかになっているのはよくありませんね。

これなどは、一対一のコミュニケーションをするとよいケースでしょう。よほど会社として絶対に引き留めたい人材でなければ（現在も仕事に身が入っているわけでもなさそうなので、おそらくそういう人材ではないのでしょう）、わざとらしい慰留をするよりも、一対一で彼の人生について語り合ってみるのがいいでしょう。

その際、徹底して必要なのは、「上司」として話さないこと。**一人の対等な人間として話すこと**です。その前提はきちんと伝えておくべきですし、自分自身も納得しておくべきです。

優れたリーダーとは、ある組織の中で小さくまとまる仕事を目指すというよりは、人類全体のファシリテーターでいるくらいの大きな気持ちでいた方がよいものです。

自分の、そのような人間観をまず話して共有するとよいでしょう。

自己防衛能力が備わっている人間は、よく知らない他人に対して、どうしても警戒心が働きます。

さらに、転職を考えているという身の上であれば、「いくらきれい事を言ったって、慰留のために都合のよいことを言っているに過ぎないのだろう」と疑うのは当然です。

でも、「世の中はそんなに甘くないよ」などというジャッジをせずに、ただ相手の言葉に耳を傾けていくと、だんだんと相手は安全を感じるようになってきます。そのためには、一度の面談では足りないかもしれません。


「自分は、人が最も自分に合った職場で働くべきだと思っている。この会社が、改善によってもそうならないのであれば、自分からも転職をすすめるし、転職する上での力を貸してもよい」と、本心から話せばよいのです。

それと同時に、転職までこの職場で働くわけですから、「これだけはやってほしい」という役割期待を伝えた方がよいでしょう。


このとき役に立つのは「怖れ」を手放すこと。それは、「慰留できなければリーダーとして失格だ」などという、自分に対するジャッジメントを手放すということです。

92ページでもお話ししましたが、人を変えることはできないからです。

どんな待遇を与えようと、転職する人はするでしょう。

「転職するかどうか」という結果は、リーダーがコントロールできるものではありませんが、「どこまで誠実に手を尽くすか」は、自分のコントロール下にあります。目標は、そこまでです。

ただ、このように一対一で、安全な環境で話を聴いてもらうのが、彼にとって初めての体験であれば、「この職場もいいな」と思ってくれるかもしれません。

しかし、同じ状況が別の方向に働くこともあります。

「いつも人を人とも思わないくせに、やめるとなるとわざとらしく大切にしてくる、信頼のおけない職場だ」と思われるリスクもあるのです。そういう気持ちを彼が持っていたとしたら、そんな気持ちですら打ち明けられるくらい安全な環境をつくりたいですね。そう言われるかもしれない、と思っておけば、実際に言われたときに受ける衝撃も少なくてすむでしょうし、「人が親切にしてやっているのに」とネガティブなジャッジメントをすることもないでしょう。

もちろん、そう言われても彼の事情はよくわかりません。彼の事情は彼にしかわからないのです。

「よい結果」を得る、ということにとらわれない方がよいでしょう。

彼がやめた結果、よりよい人材が得られる、という可能性もあります。

ポイントは、あくまでも「ファシリテーターとして、彼が本音を話すことができて、プロセスを前に進めるようにする」ことです。

彼が職場に留まるという「成果」を自分に対するジャッジメントと結びつけてしまう場合は、どうしても話が偏ってしまい、うまくいかないケースが多くなると思います。

悪口を言ってくる部下へどう対処するか？

何かと他の部員の陰口や悪口を言ってくる部員がいて困っています。どうしたらよいでしょうか？

この場合、まず自分が「どう」困っているのか、から考える必要があります。実は多くのケースが、「ああ、こんな人なんだな」という認識で解決するものです。

人の悪口を言ってきても、「ああ、こうやって愚痴をこぼしながらでないと仕事ができないんだな」と思えば、ただ「そうか」と返し、一定時間聴いてあげれば十分でしょう。

困るとすれば、「上司のお墨付きをもらった」という感覚を相手に与えてしまうことでしょう。

「○○の悪口を言ったら、上司が共感的に聴いてくれた。上司はこちらの味方なんだ」と思い込まれたり、言いふらされたりしてしまうと、確かに困りますね。

かといって「人の悪口を言うのはよくないな」などと言ってしまうと、自分が悪く思われる可能性もあります。

こんなときは、自分からは何もメッセージを発せず、ただ聴くことが大切です。

出てくる結論としては、「○○が悪い」でも、「君が考え直すべきだ」でもなく、単に「そうか。いろいろ大変だよね。まあ仕事は大変だけど、お互い、頑張って働こうね」程度だと思います。

こんな言い方であれば、相手にも寄り添っていますし、誰かを悪者にしているわけではないからです。どちらか側につくのは、大変危険なことです。

やたらと先輩風を吹かす部員の扱い方

後輩社員にやたらと先輩風を吹かす部員がいます。やたらとだめ出ししたり、自分が教えてやらないとなどと小言を言ったりしています。後輩が委縮してしまうのではないかと思いますが、注意した方がいいでしょうか？

この現象がまだ長期に及んでいないのであれば、「単に後輩ができたことで舞い上がっている」という可能性もあります。

この場合、しばらく様子を見ていけば、落ち着いてくることも期待できるでしょう。

しかし、慢性的なものなのであれば、その人は「怖れ」の人なのだと思います。ジャッジメントばかりし、それを後輩に押しつけているからです。

ジャッジメントをする人を「後輩に対してそんな偉そうにしてはだめだ」などとジャッジするのは簡単なことなのですが、それでは空気全部が「怖れ」に覆われてしまいそうです。

ジャッジメントをジャッジメントでやりこめることは、全くおすすめできません。それは、「怖れ」を「怖れ」で支配するようなものだからです。

まずは、後輩社員に「インタビュー」してみてはどうでしょうか。その際のこちらの基本姿勢は、「後輩を持てたことが嬉しくて先輩風を吹かせている」彼について、どのくらい迷惑しているか、という聴き方がよいと思います。

突然、そんなことを聴かれたら、その場では「大丈夫です」という返事かもしれません。でも、ちゃんと現状を見ている上司がいると知らせておくことは、後輩社員に基本的な安心感をもたらすでしょう。

また、あまりにも辛くなったら、上司に相談すればいいのだなと考えられる土壌をつくることにもつながります。

先輩（上司の場合も）によるストレスは、あちこちの会社であります。

そして、それがコントロール不能だと思ってしまうと、退職を思い詰めるくらいの苦しみになってしまいます。

しかし、「上司はわかってくれている」「いざとなれば相談すればよい」と思えることは、事態全体を「コントロール可能」なものに変えるのです。

コントロール可能だと思えるストレスに対しては、人間は案外耐えられるもの。この時点で後輩社員と接触しておくのは、そのような安全弁として働きます。

大人しすぎる部員にどう自信をつけさせるか？

入社3年目の女性なのですが、とても大人しい部下がいます。会議で発言を求めても、特にありませんと答えるだけで、自分の意見を言うことはほとんどありません。自信のなさが原因だと思いますが、もっと自信をつけさせることはできるでしょうか？

こんな状況こそ、「**人間は変わることはできるけれども、変えることはできない**」と言えると思います。

「自信をつけさせたい」と思ったからといって、上司ができることには限りがあります。

まずは、安全な環境を与えて、「君はもっと自分に自信をもってもよいはずだと思っている」と言ってあげれば、自己肯定感が少し上がるかもしれません。

また、折に触れて「さっきの発言はすごくよかったね」などと、ほめてあげるのも有効でしょう。

でも、上司にできることは、せいぜい、その程度だと思います。これは自分自身のことを振り返ってみても、そう言えます。それ以上のことは起こりえないでしょう。

自信というのは、いろいろな形で自分で身につけていくしかないものだからです。

ただし、**「自信喪失もどき」**には注意した方がよいでしょう。

「自信喪失もどき」とは、「できていないこと」について受ける衝撃のことです。

もしも部下が「自信喪失もどき」に見舞われるようであれば、少し丁寧に話し合ってあげた方がよいです。

つまり、**衝撃を受けると、誰でも自信がなくなってしまうものであり、それが本当の自分を示すわけではない**、ということです。

衝撃による「自信喪失もどき」については深く思い詰めず、日常のルーティンを続けていくことが、何よりの解決策です。

自信については、丁寧に仕事をしていくことが一番なのですが、詳しくは巻末拙著をご参照ください。

すぐれたリーダーは、一人の人間として、部下と対等な立場で話す。

第5章

機能するリーダーに求められる「聴く力」

LEADER

LEADER 01

リーダーに求められる「聴く力」4つのコツ

ここまでにも何度か「聴く」ということについてお話ししてきました。

いわゆる「毅然としたリーダー」像は、自分の主張をきっぱりと伝える、というように、「話す」こと、「伝える」ことに重きが置かれているように思えます。

しかし、「インタビュー」の重要性からもわかるように、「何を伝えるか」は「何を伝える必要があるか」を知るところからしか始まりません。

ですから、機能するリーダーとなるためには、まずは「聴き方」が上手になる必要があります。

著名な経営学者のピーター・ドラッカーもこう言っています。

「これまでのリーダーは、話し方を心得ていた。これからのリーダーが心得るべきは、尋ね方である」

本章では、リーダーに必要な「聴く力」を高めるポイントについてお話ししていきます。
上手な聴き手になるためには、次の４つのポイントに留意する必要があります。

1. 「なるほど」と思える瞬間を目指す
2. 自分の思考を脇に置いて聴く
3. 解決しようと思わないで話を聴く
4. 相手の「安全」に特に配慮する

以下では、これらのポイントについて、それぞれお話ししていきましょう。

「何を伝えるか」は「何を伝える必要があるか」を知ることから始まる。機能するリーダーになるために、まずは「聴き方」をマスターしよう。

LEADER 02

❶「なるほど」と思える瞬間を目指す

第2章で、それぞれの「領域」を尊重し合うことの重要性をお話ししました。

相手の「領域」のことは、その本人に聴いてみるしかありません。その際に邪魔をしてくるのが、リーダー側の価値観や体験に基づく思考（ジャッジメント）です。

例えば、同じ話を聴くのであっても、「この人はわがままな人だ」という先入観がある場合と、「この人のことだから、きっとやむを得ない事情があるのだろう」という感覚をもって聴く場合とでは、その内容の受け止め方がずいぶん違ってきます。

人間は基本的に、その人なりの「色眼鏡」を通して物事を見ています。多くの場合、その「色眼鏡」はその人の事情からつくられます。

すぐに「わがまま」「自分勝手」と決めつけられる環境で育ってきた人と、「人にはそれぞれ事情があるのだから、決めつけないようにしよう」という環境で育ってきた人とでは、他人の言動の受け止め方も自ずと変わってきます。

「インタビュー」をできるだけ効果的に行うためには、「色眼鏡」の色をできるだけ薄くすること。完全に手放すことは不可能であっても、「なるほど」を目指しましょう。自分の思考によって勝手に決めつけずに、「なるほど」と思えるまで話を聴いてみるのです。

妄想の世界の話でも「なるほど」の瞬間はある

どんな人の話にも、「なるほど」と思える瞬間は必ず訪れます。これは私の20年以上の臨床経験からも確実に言えることです。

私たち精神科医は、患者さんが持っている妄想の世界（宇宙人が攻めてくる、など）の中でも、「なるほど！」と思うことができます。

例えば、ある患者さんがずっと台所にバリケードを築いて、何年も入浴すらしないのは、実は、宇宙人が怖いからなんだな、と「なるほど」が成立する瞬間があるのです。

また、妄想などは持っていなくても、その人の価値観に基づいて考えてみれば、「なるほど」と思うことはいくらでもあります。

もし、いくら話を聴いても「なるほど」がこない場合には、**「そこのところを、もっと**

詳しく教えてくれませんか？」と、掘り下げて聴いていくようにします。

「それはおかしい」「そんなこと、あるわけがない」「考え方が非常識」「社会ではそんな考えは通用しない」などと言ってしまうと防衛して話さなくなる人も、きちんと関心を持って「そこのところを、もっと理解したいので、詳しく教えてください」と言えば、だいたい教えてくれます。

「なるほど」がこない場合のもう一つのやり方は、**「なるほど」を邪魔する自分の思考（ジャッジメント）を脇に置く**ことです。この場合、**「自分は正しい」という思いにとらわれない**ことは、とても重要です。

「そんなのは、人間として非常識だ」などという考えにとらわれてしまうと、色眼鏡の色が濃くなって、永遠に「なるほど」の瞬間はこないでしょう。

自分から見て正しいと思えなくても、非常識でも、かまわないのです。

相手の文脈に沿って「なるほど」が得られればいいのです。


話を聴くときは「なるほど」を邪魔する自分の思考は脇に置いて聴く。「自分は正しい」という思いを手放して聴く。

LEADER 03

❷自分の思考を脇に置いて聴く

人の話を聴くことの重要性については、最近、大きく認識が変わってきたと思います。ビジネスリーダーにとっても、それがいかに重要であるかについては、多くの本でも述べられています。

しかし、案外うまくいかない人も多いのではないでしょうか?

すぐにイライラして自分の考えを述べてしまったり、「でも」「だって」と途中で遮って自分が話し始めたり、質問したりしてしまう人。

話を聴くことに疲れて「いったいどこまで聴けばよいのかわからない……」という人など、「聴く」ことに関して苦労している人は、少なくないはずです。

ここでは、まず、聴き方の基本についてお話ししましょう。

リーダーが身につけたい最高の聴き方

135ページで挙げた4つのポイントの中でも、

2．自分の思考を脇に置いて聴く

3．解決しようと思わないで話を聴く

が、特に重要な聴き方の基本になります。

これは、自分にとって最も楽で、かつ相手からは「よく聴いてもらえた」と思われる、最高の聴き方です。**この聴き方であれば、かなり長時間人の話を聴いても疲れませんし、内容が何であれ、温かい気持ちになれることが多い**です。

どういうふうに聴くのかと言うと、すでに述べましたが「**自分の思考を脇に置く**」ということです。

人の話を聴き始めて数秒もすると、「え？　どういうこと？」「そんなことをするからいけないんだ」「結局、何が言いたいのだろう？」「この話、いつまで続くのかな」「ああ、自分にも似たような体験があったな」「どうしてこの人は、こんな考え方をするのかな？」

などと、いろいろな思考が浮かんでくるものです。

このような思考（雑音とも言えるもの）とともに相手の話を聴くと、とても疲れますし、どうしても相手を見る色眼鏡の色が濃くなってしまいます。

もしも、このような思考が浮かんできたら、それをただちに脇に置き、相手の存在に意識を集中させてみてください。それを何度も繰り返していると、相手の現在に集中できる瞬間が増えてきます。その場の雰囲気としては、相手の話の内容を聴くというよりは、**相手という存在そのものを感じる**、という要領でしょうか。

私はいつも臨床の現場では、いろいろなことがあっても、それをとにかく生き延びて、今ここで一生懸命に話してくれている相手の存在に愛おしさを感じ、感謝するような気持ちで聴いています。ポイントは、自分の思考に入り込んでいかないことです。

頭の中の「でも」「だって」を手放していくのです。

「相手に共感しなければ」などという思考も手放しましょう。

相手の話の内容を聴くというよりは、相手という存在そのものを感じるようなつもりで聴く。

LEADER 04

❸ 解決しようと思わないで話を聴く

また、相手の話を聴くときは、それを解決しようなどと思わない方がよく聴けます。

実際のところ、こうした聴き方ができれば、多くのケースでそれ以上の対策が必要なくなってしまいます。

なぜなら、**相手は「受け入れてもらえた」と感じ、癒やされるから**です。

本当に解決が必要なことであれば、よくよく聴いた後に必要な質問などをして、解決策を一緒に考えていけばいいでしょう。

その際に、最も必要な質問は、**「私に何かできることはありますか？」**だと思います。

つまり、**自分に対する「役割期待」を尋ねる**、ということです。

話をじっくりと聴いてもらう前には、ぐちゃぐちゃだった頭の中も、無条件に話を聴いてもらうことによって整理されてくるでしょう。

そうして話をする中で「これは自分自身にしか取り組めない問題だ」と、相手が気づくかもしれません。あるいは、シンプルで適切な役割期待を思いついているかもしれません。

ありのままを肯定する聴き方をする

また、解決しようとしないで話を聴くことで、こちらも温かく穏やかな気持ちで相手に接することができるようになります。カリカリ、イライラしながら話を聴くのとは大違いです。

「わがまま」というジャッジメントを通して話を聴いたあとに「そんなの自分で解決したら」と相手に言うのと、相手という存在そのものを感じるような聴き方で、じっくり聴いた後に「どうやら自分でできそうだね」と言うのとでは、相手の受け取め方は、まったく違ってきます。

この聴き方は、「**ありのままの肯定**」と言うことができます。

人は否定されるよりも、肯定される方がポジティブな変化を遂げやすいのは、科学的にも証明されています。

ちなみに、解決しようとするのが「怖れのリーダー」、ありのままを肯定するのが「機能するリーダー」と言えます。「怖れのリーダー」は、プロセスを待つことにも自信がなく、また、相手を信じることにも自信がないので、余計なアドバイスをしてしまうのです。それに意味がないどころか、有害だということは97ページでお話ししました。

じっくり聴いたうえで、相手の背中を押す

肯定がよいと言っても、「君ならできる」と何の根拠もなく言われると、突き放されたような感じがする場合もあるので注意が必要です。

「何でそんなことが言えるの？」「何の根拠もなく、無責任に」と戸惑う人も多いでしょう。でも、じっくりと話を聴いた後に「君ならできそうだね」と言われるのであれば、ありのままの自分を肯定された上で「できる」と言われているわけですから、戸惑う、突き放された、ということにはならないのです。

相手の話を聴くときは、それを解決しようなどと思わない。「ありのままの肯定」の姿勢で聴く。

LEADER 05

❹相手の「安全」に特に配慮する

人が話をするときとは、基本的に、「むき出しの自分」が出る瞬間でもあります。

普段だったら打ち明けないようなことでも、この人にだったら話せるかもしれない、という信頼の上に、「打ち明け話」は成り立ちます。

そういう意味では、**その信頼を大切にすることは最低限のマナー**です。

少なくとも、**信頼されない人は、「機能するリーダー」にはなれません。**

一般に、「口外しない」という程度のマナーは守っている人が多いと思います。

自分だから、と見込んで話してくれたことを第三者の他人に漏らすというのは、明らかにマナー違反です。

もし、そんなことが相手に知られたら、人間性を疑われても仕方がないでしょう。

聴いた話を誰か（例えば、さらに上の上司）にわかっておいてもらった方がよいと思うのであれば、事前にその許可をとりましょう。

リーダーとして自分が優れていると思っている人は、「自分の判断」で何かをしたがりますが、個人情報は、やはりそれが属する本人のものです。なぜ、それを他人に話した方がよいと思うのか、自分なりの判断理由も話せば、信頼関係が、より深まると思います。

もちろん、それでも相手がノーと言うのであれば、強制は厳禁です。

そこまで話しても、相手が拒否した結果として相手が何らかの損害を被るとしても、それは相手の「領域」の話です。

相手の「安全」は、個人情報を守るということだけではありません。

むき出しの相手が出ているときに、ジャッジしたり、アドバイスしたり、というのは大変危険な行為です。

相手が生傷をさらしているときに、そこをやすりでこするようなものです。

相手の「領域」は絶対に不可侵、ということを固く肝に銘じておきましょう。

相手に集中する聴き方は、温かい雰囲気を醸し出す

人の話を聴く際は、「基本の聴き方」で、ただ聴くのが最も安全です。

「何も言わないと、相手が不安になるのでは」「何か言い返さないと、ちゃんと聴いていないと思われるのでは」という心配はしなくて大丈夫です。

温かく、自分の思考を脇に置きながら相手に集中する聴き方は、何とも言えない温かい雰囲気を醸し出すからです。

時々、うなずいて「聴いているよ」「一緒にいるよ」ということを示すのもいいでしょう。この「うなずき」は、内容とはあまり関係なく、定期的に「聴いているよ」という程度にするのが適切です。

そうしないと、自分のジャッジメントに基づいて、「そうそう」と思うときだけうなずく、ということになってしまい、相手は「自信がない」などというネガティブな話をしにくくなってしまうからです。

アドバイスと教育（専門的助言）の違いについては、97ページでお話ししました。

前者は、相手がありのままを話しているときに否定するもの、つまり、生傷をやすりでこするようなものです。

それに対して、後者は、相手がありのままの自分の受け入れに苦しんでいるときに「人間として当たり前なんだよ」と教えてあげることによって、その受け入れを促進してあげること。つまり、安心できる保護材でくるんであげること、と言えます。

どうもピンとこない、という方には、まったく関係のない話なのですが、傷の治療の最近の進歩に例えると、わかりやすいかと思います。もともと、傷は消毒して治す、というのが医学の本流でした。しかし、今では、傷ついたときに体内から出てくる浸出液に創傷治療効果があるので、むしろ消毒などせずに、その湿った状態を維持する方がきれいな治り方をすることがわかっています。これは、心も同様です。

傷ついたときに、「ああ、これはよくない」と他人の基準で「消毒」するのではなく、自分のありのままでいられるようにくるんであげるのです。そうすると、本人の中から回復力が出てきて、自然な進歩を遂げる、という感じになります。


話を聴くときは、相手の安全に配慮する。「領域」は絶対に侵さない。信頼されない人は、優れたリーダーにはなれない。

第6章

機能するリーダーが身につけたい「話す力」

LEADER

LEADER 01

上手な話し方のコツ

ここまで、「聴くこと」についてお話ししてきましたが、リーダーがどう話すか、というのも大切なことです。

「そんなつもりで言ったのではないのに」というのでは、後の祭り。

リーダーは、自分が求めることを、誤解されない言い方で伝える必要があります。

思い通りに受け取ってくれなかった相手を責めるのではなく、「それ以外の意味にはとれない言い方」をする必要があるのです。リーダーからのメッセージが明確でないときに部下は困る、ということは前述いたしました。

偉ぶって「自分の顔色を読め」という態度をとるのも、自信がないあまりに曖昧な言い方をするのも、どちらも「怖れのリーダー」と言えます。

リーダーは、相手への役割期待をきちんと伝えましょう。

そこに「怖れ」を乗せないこと。「怖れ」を載せると、単なる期待であるはずのものが、ドロドロとした人格攻撃になりかねません。
　話し方には、以下の9つのコツがあります。

1. よいタイミングを見つける（相手が会話に耳を傾ける時間）
2. 「現在」の問題に焦点を当てる
3. 「火は小さいうちに消す」
4. 人間を、その行動と区別する
5. 相手の期待を認識する
6. 自分がどう感じ、何を求めているかについて「私」を主語にして話す
7. 相手に真意が伝わったかどうかを確認する
8. 「いつも」とか「全然」というような言葉を使うのを避ける
9. コミュニケーションをとるのが難しい相手の場合は、自分を助けてくれる代弁者を見つける

リーダーは、相手への役割期待をきちんと伝える。

LEADER 02

❶よいタイミングを見つける（相手が会話に耳を傾ける時間）

「今なら社にいるから」と、慌てて部下をつかまえて話をすることがありますが、もしかしたら相手は締め切り間際で、話をじっくりする心の余裕がないかもしれません。

基本は、相手が部下であってもアポイントメントをとることです。

余裕が持てない中で聞かされた話は、どうしても「やらされ感」（被害者意識）が増してしまいます。その分、やる気も、主体性も減ってしまいます。もちろん、緊急事態で何かを伝えなければいけない場合もあるでしょう。そのときには、「突然悪いね。緊急事態だから特別によく聴いて」などと伝えれば、部下は上司への信頼感を持って、よく話を聴いてくれると思います。

相手に話を聴く心の余裕があるかどうか、よいタイミングを見つける。

LEADER 03

❷「現在」の問題に焦点を当てる

問題は、常に「現在」にあります。ただ、私たちは相手に注意をするとき、「前も……」とか、「いつも……」などと言いたくなるものです。

そうすると相手は防衛してしまいます。目標は役割期待を伝えることですから、現在の、是正してほしい行動についてだけ話すのがベストです。

「前も」「いつも」などと言うのは、後述の❹に関連しますが、人格否定にもつながります。本書では「役割期待」を重要な概念としてお話ししていますが、それは、「お前はだめだ」というメッセージを出すということではなく、「今、こうしてください」という話。「前も」や「いつも」には、なじまないのです。

問題は、常に「現在」にある。現在の、役割期待を伝える。

LEADER 04

❸「火は小さいうちに消す」

相手とのずれが大きくなってしまうと、もちろんメンタルヘルス上の問題も起こってきます。ずれているな、と気づいたら、早めに是正した方が安全です。

小さなずれのうちは、少し話して「私はこういうことを言いたかったんだ。うまく説明できなくてごめんね」と言えば、おおかたの誤解は解消します。相手もまだ意固地になっていませんから、「そういうことだったんだ。こちらこそ誤解してごめんなさい」となるでしょう。

しかし、このずれが解消されないまま積み重なっていくと、専門家の力を借りる必要も出てきます。ずれは小さなうちに解消しましょう。

相手の役割期待がずれていると思ったら、早めに話し合いをして修正する。

LEADER 05

❹人間を、その行動と区別する

これはすでにお話ししてきましたが、最悪なのは人格否定です。自分の人格を否定されて、前向きに変わろうと思う人はいないでしょう。それはとても傷つく体験だからです。人格に言及せず、今こういう行動をしてほしい、ということだけ言っていくのがよいと思います。

93ページでも触れましたが、「もっと社会人としてしっかりして」ではなく、「朝は『おはようございます』と言おうね」という話なのです。

前者には「社会人としてダメだ」という人格否定的メッセージも込められていますし、そもそも「社会人としてしっかり」というのが曖昧すぎて何を改善すればよいのかわからない、という問題もあります。

「朝は『おはようございます』と言おうね」であれば、具体的です。

これなら、とても実行しやすいですし、人格否定的ではないですから（少々衝撃的かもしれませんが）、落ち込みや関係性の悪化を最小限にすることができます。

安全に話を聴いてくれる人に話してみる

注意する際に、どうしても人格否定になってしまう、という場合には、自分の心の中を見直した方がよいでしょう。

自分側に、癒やされていない傷があるのかもしれません。

そういう場合は、単に挨拶をしなかった相手にそれをぶつけるのではなく、安全に話を聴いてくれる人に話してみましょう。

安全な環境で話をしていくことに癒やし効果がある、ということはすでにお話ししてきた通りです。

人を、その行動と区別する。相手に行動の改善は求めても、人格は否定しない。

LEADER 06

❺相手の期待を認識する

80ページでお話ししましたが、相手（部下や上司）は本当はそんなことを求めていないのに、自分で勝手にそう思い込んで燃え尽きてしまうことがあります。

苦しいと思ったら、それが本当に相手の求めていることなのか、確認することが必要です。

例えば、上司から次々と課題を与えられたとき。

「え？　また増えた。どれだけ残業すれば終わるのだろう」と自動的に考えるのではなく、上司に、「すでに○○と××と△△を抱えて頑張っています。今のご指示は、それより優先でしょうか？　また、絶対に今日中に終えなければならないことでしょうか？　もちろんできるだけ頑張りますが」などと「インタビュー」してみるのです。

このようにして、求められていることの優先順位や期限をはっきりさせた方がよいでしょう。

私の経験からも、上司というのは、思いついたタイミングで指示を出す、というケースが圧倒的に多いものです。

その際、上司はそれと他の仕事のバランスや、残業してまでやるべきことか、などについては、あまり細かく考えたり、指示を出したりしないことも多いです。

ですから、自分で勝手に思い込まずに、「できるだけ頑張りますが」を前提に、仕事の優先度や期限を、ちゃんと確認するようにしましょう。

自分が指示を与える上司の立場であれば、「他の仕事との兼ね合いは大丈夫？」などと聴いてあげることによって、部下の優先順位を整理してあげることもできるでしょう。

どの仕事をいつまでに、どのレベルの完成度でやればいいのか？
上司に仕事の優先度や期限を、ちゃんと確認する。

LEADER
07

❻自分がどう感じ、何を求めているかについて「私」を主語にして話す

これはとても大切なことです。「ジャッジメントを手放す」というのは、ここでも重要な原則になります。

つまり、「君はわがままだ」などとジャッジしたり、人格否定したりしては逆効果なのです。あくまでも伝えることは、「行動」についての役割期待です。

とても簡単な原則なのですが、**「あなた（君）」を主語にしないこと。**「あなた（君）」を主語にしてしまうと、どうしてもジャッジメントが顔を出してきます。

そうではなく、**「私は困る」と、自分自身を主語にした方がずっとうまくいきます。**

「あなた」を主語にしている限り、相手に自分のジャッジメントを伝えることにしかならないのです。ジャッジメントをぶつけられた相手は、通常、抵抗するものです。

「君はだらしがないね」と言われるよりも、「仕事がいっぱいいっぱいだから、片づけに時間がとれないんだ。悪いけど、使った後はきれいにしておいてくれる？」などの方が、

ずっと受け入れやすいでしょう。

結局、これは❹の「人間を、その行動と区別する」につながってきます。

「あなたはだらしがない」という人格否定は、屈辱や自信喪失以外の何も生み出しません。

また、「自分側の事情」を強調するのも一つの方法です。

「君はだらしがないね」と言うよりも、「私は散らかった部屋にいると落ち着かないんだ。協力してくれる？」と言った方が、相手は思いやりを持って対処してくれると思います。

人は自分が責められていると思うと防衛しますが、相手が困っていると思うと協力的になるものだからです。自分が困っているということを伝えるのには、「ちょっとした勇気」が必要です。しかし、「機能するリーダー」になるためには、必要な心構えでしょう。

この話も、結局は、**相手を責めるのではなく役割期待を伝える**、というところに収斂していきます。こうして考えてみると、対人関係の原則は、決して多くなく、ポイントさえ押さえれば大丈夫だということがわかってくるでしょう。

「あなた（君）」を主語にして話さない。「〜だと私は困る」と、自分自身を主語にして話す。

LEADER
08

❼ 相手に真意が伝わったかどうかを確認する

「ちゃんと指示したのに、なんで言われた通りできないの？」と不満に思うことがありますよね？

こうなってしまう原因は、**「相手にきちんと指示が伝わっていなかった」ということがほとんど**なのです。

これも役割期待のずれの一つです。

そんなケースの予防として、相手にきちんと真意が伝わったかどうかを確認するよい方法があります。

言いたいことがちゃんと伝わったかどうかを確認するために、「今言われたことを繰り返してみてください」と、復唱させる方法をとっている人はいると思います。

ただ、それが単なるオウム返しに終わってしまうのなら、あまり意味はありません。

それぞれにとって、言葉の受け取り方などは違うからです。

正確を期すためには、**「今伝えたことを自分の言葉で言い直してみてください」という方が確実**です。

単にオウム返しをされても、本当に理解したのかどうかは、わからないからです。

相手の言葉で聴き直してみて、「そうそう」と思ったら、GOサインですね。

なお、メンバーの中には、口べたな人もいると思います。

また、理解に時間がかかる人もいるでしょう。

そういう人に対しては、「今の指示を、自分の言葉を使って、文書に簡単にまとめてきてくれるかな」と頼んでみればいいでしょう。

それによって、本人の頭の中もきちんと整理されるはずです。

こちらからの指示を相手の言葉で聴き直してみて、「その通り」と思ったらGOサインを。

LEADER 09

❽「いつも」とか「全然」というような言葉を使うのを避ける

「いつも」「全然」などは、いかにも客観的な言葉に見えますが、人間に「完璧」がない以上、それらはとても感情的な言葉です。

「いつも」「全然」が当てはまるシーンは、少なくとも普通のビジネス場面では、ほとんどあり得ないはずです。

もちろん、固定的な特質、例えば耳がやや難聴気味、というようなことはあるでしょう。でも、そんな相手に向かって「なんで君は大声で呼ばないとだめなの？」などと言っても、何の意味もありませんし、相手をひどく傷つけてしまう可能性が高いですよね。

それよりは、その特質を前提に、「皆さん、○○さんと話すときはできるだけ大きな声でゆっくりと」と、他者に働きかけるべきところでしょう。

一般にビジネスの場で「いつも」「全然」が使われるのは、相手に対する人格否定のような場合がほとんどです。

ですから、これもまた❹でお話ししたように、人格否定ではなく行動の是正を頼む（役割期待を伝える）ようにしましょう。

「君はいつも気が利かないね」と非難されるよりも、「来客のときは、まずお茶を出す、ということをルールにしよう。感じがいいからね」と言われた方が、よほど進んでやる気になりますよね。

そもそも「気が利かない」では曖昧すぎて、どこを改善したらよいのかわかりません。単に責められたという気持ちしか残らないと思います。

「いつも」とか「全然」という言葉は、相手の人格否定につながりかねないので使うのを避ける。

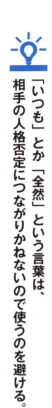

LEADER 10

❾ 難しい相手の場合は、自分を助けてくれる代弁者を見つける

相手との力関係が大きすぎる、あるいは相性が悪すぎる場合には、間に無難な人を入れるのが効果的です。

つまり、いつでもコミュニケーションは「当たって砕けろ」ではなく、「最終的に何が得られるか」に注意を向けるべき、ということです。

セクハラ的な男性上司に対して、男性不信の強い女性部員が一人で立ち向かうのは、とても難しいことです。

長い目で見れば、男性上司のセクハラ的なところを直し、女性部員も徐々に男性に慣れていく、ということは必要でしょう。

しかし、今日、明日の仕事に対して、そんな悠長なことは言っていられません。

そうであれば、セクハラ上司に強い女性部員、あるいはセクハラ的でない男性を間に立てることは、よい考えだと思います。

他にも、ひどい癇癪《かんしゃく》持ちの上司に対して、新入社員が当たって砕ける、というのもほとんど意味がないでしょう。恐怖だけが植えつけられて終わるだろうからです。

しかし、おもしろいことに、どんな人にも、「あいつの言うことなら聞く」という相手がいることが多いのです。

その「癇癪持ちの上司」が耳を傾ける相手を見つけて、その人にまず話をし、伝えてもらうのが効率的です。

本来は、直接コミュニケーションした方が誤解もずれも少なくてすみますし、相互理解も進むのですが、世の中そういう場面だけでもありません。

全てのコミュニケーションを単に「あの人は苦手」と避けるのはすすめませんが、周囲も納得してくれる「仕方のない場合」は、それでよいのです。

どうしても話がかみ合わない人、話が通じない人、話をすることが怖い人がいる場合には、自分を助けてくれるコミュニケーションの代弁者を見つける。

第7章

職場には、いろいろなタイプの人がいることを知っておこう

LEADER

LEADER 01

「注意の障害」がある人

ある部員がやたらとケアレスミスをします。やる気が感じられません。納期を間違えたり、発注ミスをしたりします。叱責した方がいいでしょうか？

人の弱点の中には、努力で改善するものと、そうでないものがあります。

例えば、「注意」についての能力などは、かなりの程度が先天的に決まっているものです。一つのことにしか注意を向けられず、他のことへの注意が頭からこぼれ落ちてしまう、というタイプです。

先天的なこと（つまり本人の努力ではどうしようもないこと）に対して、ガツンと言い続けていると、本人をうつ病にすらしてしまうかもしれません（二次障害と呼ばれています）。どれほどやる気があっても、ケアレスミスが絶えない、という人は、実際に存在します。

医学的にきちんと診断されるかどうか、程度は人によりますが、「注意」という領域に問題を抱えている人は案外少なくありません。

私たちは通常、複数のことに注意を向けながら行動することができます。ある作業をしているときに別のことが目に入っても、それを視野に入れながら作業を続けることができるのです。

また、人の気持ちなどいろいろなことに配慮しながら振る舞うことができます。

しかし、人によっては、一つのことにしか注意が向かない、という場合があります。まるで「注意の部屋」が一つでいっぱいになってしまう、という感じなのです。

そして、それは単一のことなので、衝撃度はものすごく高い、ということになります。いくつかのことに注意を向けられる人であれば、衝撃も比例配分できるのですが、一つのことにしか注意が向かない人が衝撃を受けると、文字通り「全身で負う」ということになってしまいます。

例えば、何かの作業をしているとき、他のことが目に入り「あ、あれをやっていなかった」と思うとすぐにそちらに注意が移ってしまい、もともとやっていたことを中断してしまう、ということがあります。

このような人は周りから見ると、「何をやっても仕上げられない」「何をやっても中途半端」「行動が雑」「いいかげん」というふうに見えてしまいます。

あるいは、あることに注意を奪われてしまうと、いろいろな人に配慮をしなければならない、ということが抜け落ちてしまうという場合もあります。

「頼んでおいたのにやってくれない」「約束したのにやってくれない」というような不満を感じるときは、そこに「注意の障害」が存在するのではないかと考えてみた方がよいでしょう。これは、かなりの程度が先天的に決まっているものなので、トレーニングによって注意を向ける範囲を広げられる、というものではないのです。

ですから、常に「何を最優先にするか」を張り紙などで明示する必要があります。

まるで子どもに対するような接し方だと思う方もいらっしゃるかもしれませんが、これは、目の不自由な方を、視覚障害者誘導用ブロックで導くのと同じようなものです。失礼でも何でもなく、必要なことなのです。

「注意の障害」がある人には、張り紙などで仕事の最優先事項を明示する。

LEADER 02

聴覚過敏症の人

座席がコピー機の近くでうるさくて仕事に集中できないので、席替えをしてくれとうるさい部員がいます。個人のわがままを聴いていたらきりがないかと思いますが、どう対応したらいいでしょうか？

人は多様な存在です。そして、その中には、特に音に敏感な人がいます。

まずは、その方が聴覚過敏症状を持っているか、あるいは注意欠陥障害のように「気が散る」障害を持っているのかを確認するのが最初でしょう。

つまり、それが「個人のわがまま」なのか、個人の特徴（弱点）による当然の要求なのかを区別するのです。

聴覚過敏などがあれば、席替えもよいですし、消音ヘッドフォンなどをうまく利用して雑音が聞こえないようにすることもできます。

「誰でもコピー機の横は嫌」というレベルと、「聴覚過敏のためにコピー機の隣では仕事ができない」ということの間には、かなりの開きがあるのです。

グループで話し合い解決策を考える

もしも特に特徴がないようであれば、115ページでお話ししたように、グループでの話し合いにゆだねるのがよいでしょう。

誰でもコピー機の近くでは落ち着かないでしょうから、1ヶ月ごとの席替えなどを各自で検討できるかもしれません。

人は多様な存在。相手の言動が腑に落ちないときは、「インタビュー」をして真因を把握するようにする。

LEADER
03

人間不信が強い人

部下が報告・連絡・相談（ほんれんそう）をまったくしてきません。こちらから聴かれたら、いやいや答えるという感じです。どうしたらいいでしょうか？

通り一遍の教育をして、それでもやらない人に対しては、やはり「インタビュー」が必要です。なぜその人は「ほうれんそう」をしないのか。何を怖れているのか。

自己肯定感があまりにも低いために「私の報告や相談には意味がない」と思っているのかもしれません。

「注意の障害」があって、別のことに気をとられると、本来すべきだった「ほうれんそう」が頭から抜け落ちてしまうのかもしれません。

皆さまは、「どっこいしょの豆腐」という落語をご存じでしょうか。

和尚さんから村で豆腐を一丁買ってくるよう言いつけられた山寺の小僧さん。小僧さんは物覚えが悪いので和尚さんは、ちょっと心配でしたが、案の定、道中の小川を「どっこいしょ」と飛び越えたとたん、小僧さんの頭の中で「豆腐」は「どっこいしょ」となってしまいました。

さあ、もうどこで何をしたらよいのかわかりません。注意の障害は、こんなイメージでとらえると、わかりやすいと思います。

こちらから情報を取りにいく

聴かれれば、いやいや答えるというところからは、まるで反抗的な部下のように思われるかもしれませんが、「いやいや」という態度は、何も反抗するときだけに見られるわけではありません。

「ああ、また自分から報告し損ねて、上司に先を越されてしまった」という自責の念があるときも、その態度は「いやいや」になるでしょう。

「インタビュー」で理由がわかれば対応できるのですが、このようなタイプの人の場合、どれほど安全な環境を与えても、何も答えてくれない可能性があります。

ひどく傷つけられて育ったり（虐待など）、誰にも助けてもらったりしたことがなかったり、というような事情のために、「人に話してみる」という習慣がまったくない人もいるからです。

長年にわたるそのような性質は、一度や二度、安全な場を与えたからと言ってなかなか変わるものではありません。**インタビューが空振りに終わるようであれば、「この人はコミュニケーションの習慣がないのだ」という点で「なるほど」を得るしかない**でしょう。

そして、いやいやでもよいので、こちらから情報を取りにいく必要があるでしょう。

その場合、役割期待としては、「こちらから尋ねれば、（いやいやでも）答える」というところになるでしょう。このような人は、長い目で人間を信頼していく必要があります。全ての人が自分を傷つけるわけではない、ということを学んでいく必要があるのです。

もちろん、職場がその責任を全て担う必要はないのですが、少なくとも、叱責したり馬鹿にしたりして、さらに人間不信を強めることだけは避けた方がよいと思います。

人間不信が強い人に対しては、叱責や注意は逆効果になる可能性が高い。

LEADER
04

女性社員のこじれた人間関係

部にいわゆる「お局さん」がいます。先日、新人の女性社員が入ってきたのですが、その「お局さん」があからさまに新人の女性社員を無視したり、ランチにその子だけ誘わなかったり、などのいじわるをします。見て見ぬふりでいいでしょうか？

もちろん、こんなケースを放置していたら、意地悪をされた側のメンタルヘルスの問題につながりかねません。

仕事が続かず退職、というようなことにもなりかねないでしょう。もちろん上司の能力が問われます。

ただ、こんな状況への介入法を失敗すると、新人社員を救うことができないどころか、自分自身がいじめの対象になってしまうこともあります。

いわゆる「お局さん」がいるような職場では、**「お局さん」の力を借りていくことが、**

多くの場合、役に立ちます。

そもそも、なぜ「お局さん」と認識されるようになってしまったのか、ということを考えれば、「**人から認めてもらいたい気持ち（承認欲求）**」が見えてきます。単に人に意地悪をしたいわけではなく、自分自身の存在を認めてほしいのです。

そんな事情なのに、「新人をいじめないように」などと注意するなど、なんであれ拒絶的なニュアンスが入った行為はとても危険です。

「新人のせいで自分の立場が脅かされる」と怖れ、意地悪はますますひどくなるでしょう。

そうではなくて、「お局さん」の存在を十分に認めるやり方がいいでしょう。

例えば「新人で何もわからないから、○○さんが育ててやってくれないかな。そういうことは○○さんにしか頼めないから」などと、上司から「お局さん」に誠実に直接頼む、などのやり方がよいと思います。

重要なのは、「新人教育には○○さんが一番」と認めてあげるということです。

「お局さん」の承認欲求をくすぐるようなうまい役割を見つけて依頼する。

タイプを知る

LEADER
05

ウソをつく人

やたらと小さいウソをつく部員がいます。会議や商談に遅れても、絶対に謝らずに、電車が遅れただのなんだのと言い訳ばかりします。本人はそれでなんとも思っていないようです。きつく注意した方がいいでしょうか？

すぐにウソをつく人、というのは、責められるのがとても苦手な人なのだと思います。

いろいろ調べてみれば、それがウソだということはいずれわかるのですが、その場では自分が責められないために、とりあえずウソをついてしまうのです。

ここからわかるように、この人は責めに弱いと言えます。

なぜ責めに弱いのかと言うと、自分できちんと責任をとるという訓練を受けてこなかったこと、また、人からの批判に弱いことなどが思い当たるでしょう。

ウソをつく人の中には「とりあえずその場をやりすごそう」と思っている人が多いので

すが、中には、自分のウソを信じ込んでしまうようなタイプの人もいますので、職場でできることには限りがあります。

ウソをつく範囲をだいたい推測できる人なら対応していけるでしょうが、ウソのストーリーにどんどん酔っていくようなタイプ（自分でそれを信じ込んでいくタイプ）の場合には、専門家の援助が必要かもしれません。

とりあえず、職場でまず試みるとよい簡単な方法としては、「**すべて文書化する**」ということがあります。メールでも文書でもよいのですが、記録を残すのです。部員の後々の処遇にも必須ですし、部員と話し合うときにくだらない言い逃れを避けることができます。また、文書化する時点で、部員はある程度の責任を感じることができるでしょう。

文書化してもいい加減な人であれば、「裏を取ったか」「根拠となること」などを書く欄も作れば、言い逃れする余地がなくなり、より丁寧に仕事をするようになるでしょう。

ウソをつく人には、すべて文書化するなど、記録を残すことが有効。

LEADER
06

上司に反撃してくる人

歓送迎会を「業務でないから」と断った新入社員に、社会人としての心得を説いたところ、「業務時間外の拘束は人権侵害だ。弁護士に相談して、過重労働で訴えることも考えます」と言われてしまいました。

この人は、発達障害など何らかの障害を持っている可能性があります。

仕事上は有能でも、「社会的に当たり前とされること」がよく読めないのです。

そして、**もともと持っている不安が強いため、「反撃」という対応に出ることが多い**のです。

定時に帰ろうと思っていたら、突然「歓送迎会」で遅くなることを要求された。突然のことに衝撃を受けて、「人権侵害」と反撃してしまった。

頭の中は、そんな感じなのだと思います。

参加してもらいたい理由をロジカルに説明する

それに対してこちらが真正面に反撃すると、本人はますます強い衝撃を受け、さらに「訴える」モードに入ってしまいかねません。

それよりも、こんな言い方をしてみては、いかがでしょうか。

「そうか、突然言って悪かった。もっと前もって言っておくべきだったね。でも、君と親しくなりたいと思っている人もたくさんいるんだ。ちょっと無理をして、30分間くらい、顔を出してくれないかな」

このような言い方をした方が、相手を安心させ、問題が解決すると思います。

発達障害などの障害を持っている人には、相手に衝撃を与えるような言い方を避ける。

LEADER 07

すぐムキになる人

ごく普通に仕事上のやりとりをしているのに、ちょっと指摘するとすぐにムキになる部下がいます。こちらには何も悪気がないので戸惑ってしまいます。どのように扱ったらよいのでしょうか？

「怖れ」が非常に強い人の場合、何か少しでも意見を言われると「自分が責められた！」と思ってしまう場合が少なくありません。すぐムキになって言い返してくる、ということはそういうことでしょう。

また、参考になるデータとして、虐待されて育った人は、自分と違う意見を言う人を見ると「自分が否定された」と感じやすい、ということもあります。

自分の人間性を虐げられる中、「人間は多様でよいのだ」という常識を築けなかった人、ということができるでしょう。

155ページで「行動と人格の区別」についてお話ししましたが、このような人の場合、全てを「人格の問題」として扱われてきたのだと思います。だから、自分の意見と違うことを言う人を見ると、「自分（という人格）が否定された！」と思ってしまうのです。

ちょっとしたことで、**すぐムキになる相手を見たら、「何か痛ましい事情がある人なのだな」と考えるようにして、まともにやり合わない方がよい**でしょう。

相手を「傷ついた人」として見て、「参考にしたいから意見を教えて」「なるほど、それもいい考えだね」などと肯定的に接するのが、最も効率的で癒やし効果もあると思います。

仮に、その人の意見を採用できないとしても、「今回の結果にはうまく盛り込めなかったけど、すごくよい意見だと思うよ」などと、肯定してあげるとよいでしょう。

すぐムキになる人に対しては、「何か痛ましい事情がある人なのだな」と考え、まともにやり合わないようにする。

LEADER 08

親が文句を言ってくる人

新入社員にごく普通の注意をしたら、親から電話がかかってきて「パワハラはやめてください」と言われてしまいました。今後、どう接していったらよいでしょうか？

これらは比較的、最近の現象ですが、遭遇すると厄介なことなのでお話ししておきましょう。昔だったら、「あなたがそんな親だから子どもがちゃんと育たないんですよ」などと言ってすませることもできたかもしれません。

しかし、前の例同様、本格的に巻き込まれると厄介で、自分の社会的生命にも関わりかねません。

今では、「モンスターペアレント」という存在が知られています。

これは主に教育現場で使われる言葉ですが、「自分の子どもがうまくいかない（いじめられる、成績が悪い、など）のは、全て学校の責任」と攻撃してくるような人たちです。

こういう人たちをよく見てみると、実は「怖れ」の塊です。

「自分の育児がうまくいっていないのではないか」という怖れが強すぎて、何かしらそれを刺激するようなことが起こると他人（学校）のせいにする、という構造なのです。

本来、自分が親として耐えるべき責任に耐えきれないほど「怖れ」が強い、と考えていただければよいと思います。

上司のちょっとした注意を「パワハラ」扱いする親も同じでしょう。ちょっとした注意くらい、前向きに「はい、わかりました」と受け入れるのが、社会人としての当然の姿です。

しかし、その通りにできない我が子を前に、自分の「子育ての出来」を問われることを怖れて、「パワハラのせいだ」とすり替えるのです。

こちらの非を認めるような発言は避ける

この「すり替え」は意識的に行われるよりも無意識に行われることが多いです。ですから、そこに「すり替えはやめてください」と言っても、火に油を注ぐような結果になると思います。

なお、親からの連絡があったときに「はい、わかりました」などと言わないように注意しましょう。

もし、そんなことを言ってしまったら、仮に訴訟などに発展した場合「落ち度を認めた」ということになりかねません。

そういう事態を避けるためには、**「何か行き違いがあったみたいですから、○○君によく聴いてみます。ご連絡ありがとうございました」などと言うのが最も安全**でしょう。

そして、第5章でお話ししたような「聴き方」で、改めて相手の言い分を聴いてあげれば大丈夫だと思います。

親からのクレームについては、「はい、わかりました」などと気軽に返答しない。

LEADER 09

「トンデモ部下」の扱い方

時代の変化に伴い、昔だったらあり得なかったような部下の態度に戸惑ってしまうことも増えてきているように思います。

ここまでにお話しした例も、その一部だと言えます。

「上司に対してこんなことを言うなんて……」と思うような事例が増えていると思うのは、私だけではないと思います。

いろいろな雑誌などの取材で、そのテーマを依頼されることも少なくありません。

ここで「トンデモ部下」と呼ぶのは、「昔だったら部下としてとんでもないと思われた行動をとる人」という意味です。

例えば、どんな人がいるかと言えば、前述したように平気でウソを言ったりする人の他に、上司の陰口を言ったり、頭越しに上司の上司に告げ口をする人（課長についての苦情を部長に言う人、など）、不満を爆弾メールでまき散らす部下、などが目に付きます。

今は、誰もがいじめを受ける時代であり、「人からどう見られるか」「人から嫌われたくない」と思う気持ちが男女ともに強いので、「私はこう思う」と堂々と言える人が減っているのは事実だと思います。

だからこそ、陰口を言ったり、正論を持ち出して上司の悪口を言ったり、ウソを言ったり、自分をわかってくれそうなパワフルな（職務的身分が上の）上司に、中間管理職についての苦情を言ったりするのです。

また、自分が誰かを明らかにせずに爆弾メールを送る（あるいは正論を盾にして、自分の身分を明らかにしてでも爆弾メールを送る）というのも、直接、傷つく機会をなくす工夫だと言えます。

これらのすべての**「トンデモ」行動は、本人の不満を表したもの**であり、それ以上のものではないのですが、どう対処するかについては一考の余地があります。

これらの「トンデモ」行動は、組織の上下関係の秩序を考える上では、有害なものです。この民主主義社会で、なぜ会社組織のような軍隊式「上下関係」を有するものがあるのかと言えば、それは第2章でお話ししたように、職務上効率的だからです。

ですから、部下の「トンデモ」行動に対しては、一つ一つに丁寧に対応するよりも、

「職務上の上下関係をきちんとする」ということが大切だと思うのです。

職務上の上下関係、というふうに見れば、上司は嫌われやすいし、部下はばかばかしい仕事をさせられることもあるでしょう。個人の人権を盾にして、それに文句をつけてもよいけれども、それでは職業上の「学級崩壊」みたいになってしまうのではないでしょうか。

自分なりのグラウンドルールをつくる

人と人との関係は、育てていくものです。

同時に、組織も、文化や基準を育てていくもの。

上司への不満がある場合、陰口の一つ一つに耳を傾けていたら「陰口を言えば聞き入れられる」という文化がつくられてしまいます。

それよりは、「私は直接言われたことは真剣に検討するけれども、陰口は聴かなかったことにする」というグラウンドルールをつくり、「直接言ってくれたことには怒らずに真剣に検討するから、言ってほしい」、あるいは「目安箱を作るので、どうしてほしいのかをきちんと書いてほしい」という手続きを明確にすることです。

上司に明確なルールがあり、それがとてもわかりやすい形になっていれば、それが例え少々面倒なことであっても、部員はついてくるものです。

本書でも何回かお話ししましたが、「嫌なこと」をやるよりも「曖昧な要求をされること」「何をやったらよいかわからないこと」の方がストレスになる人は多いのです。「トンデモ部下」の話は、実は、リーダー側のチャレンジだとも言えます。

リーダーと言えども、「人から嫌われたくない」人が増えているからです。

組織の秩序を乱すようなことが起こっても、「自分」が嫌われたくないために、ついつい相手に媚びるような行動をとって、秩序をさらに乱してしまうこともあるでしょう。部下が、課長の頭越しに部長に課長の悪口を言うようであれば、秩序は乱れてしまいます。

部長が戒めてくれればよいのですが、つい聴いてしまうこともあるでしょう。

そんなときには、秩序を取り戻すために、「本来課長である私が聴くべきだったことが、部長の耳にまで入ってしまったのは組織として機能していない証拠だ。私も態度を改めたい。ついては目安箱を作るので、まず私に言ってもらえないだろうか」と言うことで、部下だけでなく、ついつい聴いてしまった部長も暗に戒める、という方法が考えられます。

「嫌われたくない」と思う人の数は、これからますます増えるでしょう。

ですから、部下だけでなく、上司も、あるいは自分も、「嫌われたくない」という気持ちのために、組織の秩序を壊すような行動をとってしまいかねません。

でも、「学級崩壊」の例からも明らかなように、それが誰の得にもならないことはわかるはずです。

「直接話してくれれば何でも聴く」という姿勢さえ崩さなければ、部下が離れていくことはないと思います。

また、自分の性質を考えて、例えば「短気だから、その場では嫌な態度をとるかもしれないけれども、翌日までは絶対に持ち越さない」など、自分をできるだけわかりやすく説明することができれば、部下も関わりやすいでしょう。

いずれも、「嫌われたくない」という「怖れ」を手放す話です。

対応としては、**怒ったり媚びたりするのではなく、ルールを確認していく**、という方法が最も「怖れ」を手放した方法、と言えるでしょう。

部下の「トンデモ」行動は、本人の不満を表したもの。職場なりのグラウンドルールをつくって対応する。

第8章

職場と部下のメンタルヘルスに注意する

LEADER

LEADER 01

時代とともに変わる「うつ病」の診断書

精神科医をしていると、職場での配慮や休職を必要とするケースに日常的に出会います。なかでも多いのは、うつ病の患者さんです。

うつ病というのは本当に苦しい病気です。

自分のあらゆるエネルギーと能力を失ったように感じられ、絶望と無力、あるいは自分が悪いのだという罪悪感、自殺願望（積極的に死にたいというよりも、とにかくこの苦しみを終わりにしたい、という感覚に近いもの）すら、症状として経験します。

効果的な治療により症状をなくしていくことはできるので、決して絶望する必要はないのですが、苦しい病気であることは間違いありません。

そんな病気ですから、かつては「うつ病」という診断書を書けば、休職は当然のことで、かなりの配慮を受けることができました。

ところが、時代の流れは変わってきました。「**新型うつ病**」なる言葉が、世に出回ってきた頃からです。

「新型うつ病」などというものはない

それまでのうつ病は、それこそ「生まれてきてごめんなさい」という雰囲気の、非常に自責的なものでした。

それに対して、最近では**上司のちょっとした叱責に心が折れてしまい、すぐに「うつ病」という診断書を持ってきて特別対応を求める人が増えている**というのです。

ところが、週末にはディズニーランドに遊びに行けるし、休職期間中には海外旅行すら楽しめてしまいます。

「生まれてきてごめんなさい」どころか、**「すべては職場が悪い」という姿勢をとる。**こんな「わがまま」な人たちが「新型うつ病」と呼ばれるようになりました。

まあ、「最近の若者は……」という風潮にマッチするのでしょう。

苦労を知らないので、すぐにギブアップする、自分で責任をとらずにすぐに他人のせいにする、という具合にです。

このため、単に「うつ病」という診断書を書いても、「苦しんでいる人」というよりも「わがまま」とみられてしまう、という経過になってしまうことが少なくありません。

ですから、私たちのような精神科医にとっては、どういう経緯でうつ病になり、どういう配慮が必要なのかを、事細かに診断書に書く必要が生じ、仕事の量がかなり増えました。

まあ、そういう個人的な不満は別として、この「新型うつ病」ブームには、大変な問題があります。

「うつ病」ではなく「適応障害」

そもそも、**「新型うつ病」の人は、医学的には、うつ病とは診断されません。**

うつ病というのは、生活全域にわたる苦しさが、ほぼ一日中、ほぼ毎日続く、という性質の病気です。

当然、週末にディズニーランドには出かけられませんし（出かけたら疲労困憊して、しばらく寝込んでしまうでしょう）、海外旅行などとんでもないことです。

本当のうつ病であれば、海外旅行の準備、と思っただけでパニックになったり消耗したりしてしまうはずです。

ディズニーランドや海外旅行ができている時点で、診断名は「うつ病」ではなく、「**適応障害**」である可能性が高いでしょう。

職場という特定のストレス源に対してだけは、抑うつ症状や不安症状などが出るけれども、それ以外の生活は普通に送れる、というものです。

もう大丈夫だと思っても職場が近づくと苦しくなる、などというのはよく見られるパターンです。

自責的でなく他責的というのもよく言われる特徴ですが、これは「衝撃」の概念で理解することができます。

特に、**衝撃に弱い人が、上司からガツンと注意されて、衝撃を受けてしまい、自分を守るために警戒的・攻撃的になる**、というものです。

衝撃に弱い人の中には、発達障害の人や、トラウマを持った人たちがいます。決して「わがまま」というジャッジメントを下すべき人たちではないのです。

そうは言ってもリーダーたるもの、診断書を提出されて特別待遇を求められたらどうしよう、という問題は残ります。

ここでもポイントは自分のジャッジメントを押しつけない、よく「インタビュー」する、ということです。

機能するリーダーはメンタルヘルスの知識を持っている

最悪なのは、「わがまま」「みんなだって苦しい中やっている」などというジャッジメントの押しつけや説教でしょう。

発達障害の人や、トラウマを抱えた人は、ただでさえ衝撃に弱い人たちです。そんなことをしたら、さらに衝撃を受け、悪いパターンがさらに悪化するでしょう。

前章でもお話ししましたが、「弁護士」「親」が出てくるかもしれません。

今の時代のリーダーは、少なくとも、**うつ病、発達障害、トラウマ関連障害、などの基本的知識を持っておく**ことをおすすめします。

「はじめに」でも触れましたが、２０１５年12月１日から改正労働安全衛生法が施行され、50人以上の従業員がいる職場ではメンタルヘルスに対応する必要があります。

私は、このことが、メンタルヘルスに問題を抱える人たちを忌避する傾向に走るのではなく、職場におけるメンタルヘルスへの理解を深めるきっかけになればと思っている一人です。法改正がされるわけですから、部下のメンタルヘルスの把握は義務ということになります。

しかし、義務という以上に、**メンタルヘルスの知識を持っておく方が、「機能するリーダー」になれます。**

自己表現が苦手な部下に対しても、「もしかしたら……」とあたりをつけて確認することができます。

これは部下の信頼を得ることにもつながりますし、お互いに対する役割期待の調整にもつながります。ぜひ、理解を深めていただきたいと思います。

機能するリーダーになりたければ、最低限のメンタルヘルスの知識を頭に入れよう。

LEADER 02

メンタルヘルスへの偏見を手放そう

伝統的に、他人に対して「精神科領域の問題を持っている」と指摘することは、失礼なこととされてきました。

これだけうつ病などに対する知識が広がってきても、職場のメンタルヘルスについて講演をすると、必ず出てくる質問の一つに、「メンタルな問題を指摘したりしないで、何とか乗り越えることはできないか」というものがあります。

私の答えは明確に「ノー」です。

うつ病であるかどうかを曖昧にしたまま事態を改善することはできません。なぜかと言うと、健康な人とうつ病の人とでは、果たすべき役割が180度違うからです。

健康な人は、基本的に勤労や納税の義務を負っています。

しかし、うつ病というのは、それができなくなる病気です。

そして、多くの患者さんが「自分は怠けている」「自分の努力が足りないからだめなのだ」と自分を責めています。一見他責的に見える「新型うつ病」（改めて言いますが、うつ病ではありません）の人でさえ、できない自分に関してハッピーではないのです。

メンタル問題への偏見が診断を拒む

うつ病治療の一つの柱が「休息」です。うつ病というのは、エネルギーの使いすぎのようなものですから、休んで充電する期間が必要です。

また、自分を過労に追い込むパターンをよく研究して、再発の予防をしなければなりません。「自分は怠けている。もっと頑張らなければ」のままでは、病気が悪化こそすれ、改善することはないのです。

ですから、しっかりと「うつ病」「適応障害（うつ病ほど重くはないけれども、ストレス要因に適応できず抑うつ症状や不安症状が出るもの）」などという診断を与えて、効果的な治療法に努めてもらう必要があります。

それを躊躇する気持ちとは何なのでしょうか？　それは「相手への思いやり」ではなく、「自分自身のメンタル問題への偏見」なのだと思います。

私などは「病気」を強調した方が、役割期待のずれも防げるし、本人もまじめに治療に専念してくれるので、絶対に得だと思っています。また、私が専門とする対人関係療法でも、「病気」を強調します。

ですから、私は躊躇などすることなく、本人、家族、必要に応じては（また、本人の了解が得られれば）上司にも病気についてよく説明します。これはとても効果的です。

うつ病の症状の中には「罪悪感、自責感」がありますので、本人が100パーセント自責感を手放すことはできないのです。そんなときに、周りの人たちが「病気なんだから休まなくちゃ」「患者として、無理をやめることにもっと集中しなさい」などと言ってくれることは、とても心強いのです。

「うつ病は心の風邪」という表現に、私は100％賛成しているわけではありません。

しかし、誰でもなり得る、そして治すことができる、うしろめたいことではない、という意味では確かに風邪と同じようなものだと言えます。

うつ病であるかどうかを隠したままで事態を改善することはできない。

LEADER
03

メンタルヘルスの問題をどう職場で共有するか？

いくらリーダーがメンタルヘルスへの理解を深めても、他の部員が同じレベルで理解してくれるとは限りません。

すると、どうしても「なぜあの人だけ特別扱い？」というような疑問は当然出てきます。

また、本人が他責的な言動をとっているのであれば、ますます周囲の反感を招いてしまうでしょう。

これからもこの職場で働いてもらうつもりであれば、メンタルの問題を明確に共有する方がよいでしょう。

知識を共有しない方が差別や偏見につながります。もちろん本人の許可は必要です。

本人の許可をとったうえで、メンタルの問題を職場で明確に共有する。

LEADER 04

うつ病の治療法について、最低限の知識を持つ

現在、日本では「**リワーク**」と呼ばれる休職後の職場復帰の問題が、かなり大きな課題となっています。

たとえ、抗うつ薬でうつ状態は改善しても、そもそもの問題がそのままであれば、また、同じようにうつ病になる可能性があるからです。

対人関係療法や認知行動療法を受けることができれば、その病的なパターンを認識し、改善することも可能でしょう。

しかし、どちらも今の日本では「どこでも受けられる」というわけにはいきません。また、対人関係療法に至っては、保険も適用されないのです（保険適応が可能になるように、厚生労働科学研究で頑張っています）。

リーダーとしては、そんな部下を迎える可能性もあります。専門家ではないとしても、それらの治療法について、最低限の知識は持っておいた方がよいでしょう。

◎**対人関係療法**というのは、身近な人との関係と症状との間に、双方向の密接な関連があるという観察のもとに行われる治療法です。役割期待を整理し伝えあい、相手がその役割を引き受けてくれる、という温かさにより症状が減じてきます。

専門家でない人であっても知っておいた方がいいことは、**「言いたいことを言えないから病的になる」というパターン**です。本人とよく話し合い、誰に何を知っておいてもらいたいか、という役割期待を絞り、道を開いていきます。

対人関係カウンセリングの場合は、重要な他者でなくても職場の上司とうまくいかない、という程度でもカウンセリングの対象になりますし、うつ病発症の予防になります。

◎**認知行動療法**とは、「物事のとらえ方」に焦点を当てた治療法です。誰でも「色眼鏡」（認知）に基づいて物事を見ている、という話を136ページでしましたが、うつ病などになると、この「色眼鏡」がネガティブになります。あらゆることが「私にはできない」「私は愛されない」というところにつながってしまうのです。

認知行動療法とは、いろいろと行動を工夫しながら、「色眼鏡」へのとらわれをはずしていくものです。

それぞれ、簡単に読める本も出ていますので（巻末参考文献参照）、リーダーであれば一読しておいた方がよいでしょう。

気の合うサポート役を見つける

うつ病で休職していた人が職場に復帰する際に重要なことは、**職場に復帰してきた人と気の合う誰かを見つける**ことです。

もちろん、無理やりに強制するのではなく、支えたいという気持ちがある人で、かつ、復帰したその人と相性が合う人がいればベストです。

もちろん、上司やリーダー自身がその役割を果たせるのであれば何よりですが、常にうまくいくわけでもないでしょう。

たとえ直属の上司でなくても、「斜めの関係」も含めて、活用できればよいと思います。

誰であれ、本人がまた悪循環にはまりこんでいるなと気づいた人がいたら、その直属の上司に伝えてあげることが必要です。

休職していた人が復帰する際には、復帰してきた人と気の合うサポート役を見つけておく。

第９章

こんなとき、リーダーはどう対処したらいいのか？

LEADER

LEADER
01

それぞれの衝撃を配慮しよう

ある大事なクライアントの仕事で大失敗をしてしまった部下がいます。先方は、その部下を出入り禁止にしたいくらいに怒っているようで、上司の自分も責任問題に発展するかもしれません。もともと、仕事がそんなにできる方ではなかったのですが、経験になればと、担当にした自分の采配にも問題があったのかもしれません。部下は自信をなくしていますし、自分も始末書の一つも書かされるでしょう。部下にどう声がけし、コミュニケーションをとればいいでしょうか? 今回のミスの原因を究明し、叱責し、二度とこのようなことは起こさないと誓約書を書かせるなどを考えていますが、一方で部下のメンタル面も気になります。アドバイスをお願いします。

おっしゃるとおり、大失敗をして一番傷ついているのは、通常は当の本人ですね。ひどい衝撃を受けたことと思います。

相手を防衛させてしまうと、自己正当化を強硬に始めたりして、生産的な結果につながりにくくなります。

ですから、最初の一言は、「**一番困っているのは君だよね。何とかしよう**」というのがよいと思います。

もちろん、全てのビジネス上のミスについて、取り返しがつくわけではありません。

でも、大切なクライアントなのであれば、できるだけのことをしたいですね。

失敗者が衝撃を受けているのと同じように、仕事で大失敗を被ったクライアント側もひどい衝撃を受けているはずです。

怒りの程度がひどいほど、困っている度合いも強いと言えます。

仕事の采配は、確かに難しいものです。ただ、采配を振るったのが自分である以上、当然リーダーとしての責任はあります。クライアントは担当部下を出入り禁止にしたいくらい、ということですから、これ以上の刺激を避けるために、当面は担当部下を出入りさせない方がよいでしょう。

「部下は謹慎させています。ただ、部下にこの仕事を割り当てたのは私です。本当に申し訳ございません。取り返せることは何でもしたいと思いますし、とにかく私どもの力が足りなかったわけですから、どんなお話を聴く覚悟もできています」と、誠心誠意、しっかりと謝罪する必要があります。

クライアントとの関係は、しばらく時間をかけて回復させる必要があるでしょう。一度壊れてしまった信頼を取り戻すのには、相当な時間がかかります。

また、社内教育的には、今回ミスをした部下に何度でも体当たりさせたいところですが、何しろ相手に被害を及ぼしているのですから、部下の教育は違うところでした方がいいでしょう。

つまり、リーダー自らがクライアントの担当になるのがいいでしょう。責任の所在をはっきりさせる、というのはこういうことでもあるのです。

変わるためには、感情の肯定とまわりからの支援が必要

部下の教育については、彼自身が現在受けてしまっている強い衝撃を考えれば、叱責や誓約書は避けた方がよいと思います。下手をすると、社会人としての彼の人生をつぶしてしまいかねません。

ここでも必要なのは「インタビュー」です。

そもそも、なんでそんなことになってしまったのか。

「なるほど」と思うまで、話をよく聴いてみましょう。

すると、「ここまでは軌道に乗っていたのに、ここで思い込みのために先走ってしまったのですね」というような点が出てくるはずです。

それをどのように改められるのか、その人が持っている思い込みには、どのような種類のものがあって、どの程度慎重にしなければならないのか（どうしても思い込みの手放しが難しければ、いちいち上司に相談するのも一つのやり方です）、などを話し合うことができるでしょう。

衝撃とまではいかなくても、変化、つまり新しいことを体験するとき、多くの人は不安を抱きます。

「うまくできるだろうか」などと心配になるのです。それが、「抵抗」というレベルにまで達する人もいます。

人間にとっては、あらゆる変化がストレスになります。

それは昇進など、いわゆる「ポジティブな変化」の場合も同様です。変化への適応には、それなりのエネルギーが必要です。

部下に新しい役割を求める場合には、支援するポイントを事前に把握しておきます。もちろん、この考え方は、自分自身の変化の際にも役立ちます。

変化のときに重要なのは、感情の肯定と、人からの支えです。

「重要な他者」からの支援を得られるような関係をふだんからつくっておく

人からの支えと言えば、職場の人ももちろんなのですが、家族など「**重要な他者**」の姿勢も重要です。

「男のくせに、家庭に仕事の愚痴を持ち込むなんて」というタイプのパートナーや家族では、今の時代には非常にやりにくいですね。

あるいは、職場のこととは無関係に、夫婦間の不和を抱えている人もいるかと思います。そうした家庭では、職場で起こったネガティブな問題に関して、なかなか力にはなってもらえないでしょう。

でも、もしできるのであれば、「今、自分は会社で大変な変化に直面している」ということを率直に打ち明けて、家族などから「じゃあ、支えなければ」という気持ちを引き出せるとよいでしょう。

ふだんから、家族を大切にしていれば、いざというときに力になってくれるはずです。

そうでない場合（重要な他者がいない、あるいは重要な他者との関係がこじれている場合）は、上司ができるだけその機能を担ってあげるしかないと思います。

「こんなときにはいろいろと不安になるはずだから、何でも話して」などと、促せばよいでしょう。

変化のときに重要なのは、感情の肯定と、人からの支え。日頃から重要な他者との関係を良好に保っておく。

LEADER
02

上司を変えることはできなくても、職場環境は変えられる

会社内で精神を病んで、うつになったり、病欠したりする管理職が増えています。ブラック企業ではないのですが、ややそれに近いところもあり、社長はとにかく120%の力で働け、売り上げを上げろ、ばかりを強調します。このままでは、自分もいつかそうなりそうで、不安です。ワンマン社長の会社なので、だれもたてつくことができません。自衛のため、また、部下の心が折れないために、メンタルヘルス面でどのような対処を考えればいいでしょうか？　社長に直談判するなどは、とてもできそうにありません……。

このタイプの社長さんは、自分自身がモーレツに働いてきて成功したのだと思います。そういう人に限って、自分のやり方以外を認めないものです。なぜかと言うと、モーレツに働く以外の選択肢を知らないからです。

このように勢いの強い社長さんですが、分類してみると「怖れのリーダー」と言うことができます。怖れていなければ、他の働き方にも耳を傾けることができるはずです。「怖れ」が強いので、自分のやり方以外で失敗するのを怖れているのです。

「あまりおしりをたたかないで、社員の自主性に任せた方が効率的ですよ」と言ってみても、それ自体が彼の「怖れ」を刺激してしまうでしょう。

また、人によってはモーレツに働こうとすることによって、かえって生産性が落ちたりメンタルヘルスの問題を抱えたりする、という当たり前のことを知らないのでしょう。

それも、「１２０％を求める」という自分のやり方を離れることが怖いからなのだと思います。

「社長が１２０％を求める」ことを、一つの儀式にする

さて、人を変えることはできませんから、「社長、このままでは……」などと進言してもおそらく効果はないでしょう（すでにどなたか試みてひどい目に遭ったかもしれません）。

社長を変えなくても、職場環境を変えることはできます。

それは、「社長が120%を求める」ということを、一つの儀式としてしまうのです。

「頑張っているか!?」と尋ねられれば、「もちろんです！　激励、ありがとうございます！」などと元気に答えるようにします。

数値を見て「業績が上がっていないではないか！」と直接怒られたら、「はい、今月は自分の力不足です。申し訳ございません。来月は頑張ります！」などと答えてみます。

何を言いたいのかと言うと、**「社長に追い立てられる」ということに「怖れ」を乗せない**、ということです。

それは社長の持病のようなもので、優しくケアしてあげればよいのです。

その「優しいケア」が、業務においては「謝罪」ということになるのでしょう。

私はよく、このような「謝罪」を、「**お見舞いの一言**」と呼んでいます。

社長が「怖れのリーダー」であることは確かです。こちらが精一杯やっていても、ねぎらうどころか怒ってくるのは「怖れ」の症状です。

「怖れ」を抱えて生きていくことは、案外大変なものです。

皆さんも、**生きづらさを感じるときには、そこに「怖れ」の存在を認めることができる**

と思います。

この社長さんが、しょっちゅう腹を立てたり不安を抱いたりするのは、「怖れ」の仕業です。ですから、多少のお見舞いくらいはしてあげていいでしょう。

それが、「申し訳ございません、力が及びませんで」なのです。

社長の持病はそのようにケアした上で、あとは実務的な作業に入ればよいのです。

１２０％ではなく１００％、体調によっては80％など、自分がどれだけ頑張るかということと、社長の「儀式」は別に考えればよいのです。

「儀式」はきちんとこなして、「はい、頑張ります」「申し訳ございませんでした」と答えておき、本当に現実的な仕事をするのです。

この会社で仕事を続けていくのであれば、このような考え方をしないと、本当に心身を壊してしまいます。

「社長に追い立てられる」ということに「怖れ」を乗せない。相手にお見舞いの一言を言ってあげる。

LEADER
03

「サブリーダー会議」をつくろう

リーダーにとって、信頼できる部下が存在することの価値は計り知れません。

自分に余裕がないときに頼りになるのはもちろん、ブレインストーミングにつきあってくれるなど、いろいろな場面で力になってくれるでしょう。

ただ、それを一人の人に求めてもなかなかうまくいかないと思いますし、相手だって一人の人間ですから、当然限界はあり、「頼りにしていたのに……」ということにもなりかねません。

そもそも、リーダーのサポートを100パーセントできる人がいるのであれば、その人がリーダーになってもよいはずです。

おすすめは、**得意分野を見極めて、その分野のサブリーダーになってもらう**こと。

また、サブリーダー全員で、定期的に打ち合わせて支え合うことです。

「機能するリーダー」は、決して誰よりも優秀である必要はない、ということを前述しました。パソコンが苦手なリーダーは、そのことで焦ったり劣等感を持ったりするのではなく、単にパソコンが得意な人にその役割を頼めばよいでしょう。

もちろん、「最終的な責任は自分がとる」という潔さは必要です。

また、どうしても性格が短気なリーダーであれば、無理やり人格者になろうとするのではなく、クッションとして機能してくれる穏やかなサブリーダーをつくればよいでしょう。

ただし、そのサブリーダーが人間的に信頼できること、そして、事前に自分が言いたいことをきちんとサブリーダーに伝えておくことは不可欠です。

完璧なリーダーはいない

人前で話すことが限りなく苦手でスピーチに不安を持っているリーダーであれば、「スピーチ担当サブリーダー」をつくればよいと思います。

「リーダーなのに堂々とスピーチできなくて……」というのは、的外れな劣等感です。

スピーチ担当のサブリーダーにメッセージを伝えて、スピーチが得意な人がそれを皆に伝達する、ということで十分です。

リーダーは完璧でなければならない、という勘違いをしてしまうと本当に自分をつぶしてしまいます。

また、人間は誰でも得意分野で頼られればうれしいですし、それによってやりがいも高まります。

このようなサブリーダーの活用は、今後のリーダー候補を育てることにもつながりますので一石二鳥ではないでしょうか。

もちろん、彼らに対しては必ず「よくやってくれた」「さすがだね」などとほめてあげてください。そうすれば、ますますやる気になってくれるでしょう。

また、そうすればもしも誰かが「うちのリーダーはスピーチもできなくてだめだ」と言ったようなときにも、当のサブリーダーが「それぞれの得意分野を伸ばそうとして役割を与えてくれるんだよ」と、かばってくれると思います。

「怖れ」をきちんと認める姿勢が「怖れのリーダー」になるのを防ぐ

どうも生理的にそりが合わない部員がいます。できれば、他の部署に異動してもらいたいと思っています。なので、その部員が手柄を立てても、素直に手放しでほめてあげることができません。言葉をかけるのも、ちょっとぎこちなくなってしまいます。どうしたら、自然体で接することができるようになりますか？

「生理的に」ということですから、そこには理屈を見つけることは難しいのでしょう。

おそらく自分側の何かを刺激するのだと思います。自分を虐待した父親に似ている、自分の足を引っ張る、自分の欠点を刺激するなど、いろいろなケースが考えられます。

現状では、そんな人とうまく接することができない、ということであれば、やはりスピーチ不安の場合と同じく、「サブリーダー」の出番でしょう。

その人に対して嫌悪感を抱かない人を見つけ、担当とするのです。

こんなケースでは、頭の中の「べき」と現実との折り合いをつけていく必要があります。

頭の中の「べき」は、当然、「上司として、懐が小さいのはおかしい」「上司として、自然体で接することができないのはおかしい」と言ってくるでしょう。

しかし、現実に、それは今の自分には不可能なことなのですから、「どうしてそうできないのだろう?」と、自分を否定的に見るのではなく、「自分の中のどこかに引っかかるのだろうな」と見る方が妥当でしょう。

そこまでいけば、120ページでお話しした「プロセスの見守り」です。これは自分に対しても当然適用可能なことです。

自分にも何らかの弱点があって、その癒やしには時間がかかる、ということです。

それを「上司として、どうしようもない」などとジャッジせず、かつ、「相手が悪い」と責任転嫁もせず、「自分にはしばらく時間がかかるのだろうな」と思えば十分なのです。

あとは、サブリーダーがちゃんとやってくれるでしょう。

自分の「怖れ」はきちんと認める、という姿勢が、「怖れのリーダー」になるのを防いでくれます。

リーダーは完璧でなくていい。苦手な分野は信頼できるサブリーダーに任せれば、次のリーダー教育にもなる。

おわりに

対人関係をマスターして、自分の人生のリーダーになろう
――「怖れ」のアプローチをやめてみよう

お疲れさまでした。ここまで本書をお読みいただいて、物事がうまくいかないところには、「怖れ」の感情があることに、気づいていただけましたでしょうか？

もしかしたら最大の「怖れ」は、「自分ごときがリーダーの器なのだろうか？」というところにあるかもしれませんね。

そんな「怖れ」を抱いていると、他人がこそこそ言ったことが自分の悪口に聞こえたり、誰かの失敗が自分の責任のように思えたりして、ものすごいストレスを感じてしまいます。

「怖れ」の具体的な手放し方については、その全部が本文に書かれています。

- **自他へのジャッジメントへのとらわれを手放すこと**
- **お互いの「領域」を尊重すること**
- **人間としての限界を認めること**

・プロセスを大切に見守ること

いずれも、「怖れ」の手放し方の本丸です。

「機能するリーダー」の対極にある「怖れのリーダー」とは、つまり、自他へのジャッジメントにとらわれ、それを真実のように思い込んだり押しつけたりし、領域意識がなく、決めつけたり自分の顔色を読ませたりし、無理な目標を立てて消耗やトラブルを招き、長い目で見た方がよいものに対して「今、すぐに」を求めてストレスを募らせる……。そんな人だと言えます。

こうやって書いてみると、「怖れのリーダー」になることにはまったくメリットがないし、尊敬などされるわけがないことがわかっていただけることでしょう。

「怖れ」を手放すために必要なのは、「意識すること」だけです。

まずは本書で、「怖れ」のポイントを知ったのは、大きな第一歩です。気づける知らなければ意識することもできないからです。意識するようにしていくと、気づける機会が増えてきます。

気づきさえすれば、そして「機能するリーダーになろう」と決めれば、手放すことができます。

最初の頃は「おそるおそる」でも大丈夫なのです。だんだんと、このやり方が一番やりやすく効果的だ、ということがわかってくるでしょう。

すると事態が好循環に入りますので、よい結果を得ることができます。

「怖れのリーダー」は、まわりに怖れを伝染させます。

すると、職場の雰囲気や効率も悪くなってしまいます。そういう意味でも、「機能するリーダー」の正反対、と言えるでしょう。

どうしても「怖れのリーダー」になってしまうときがあっても、そんな自分に気づければ、また練習を積み重ねていけばよいのです。必要なのは意識だけです。

本書でお話ししたことは、**「怖れ」を手放す人間関係の基本**のようなものです。

これは、リーダーでなくても、実はどんな人間関係にも適用することができます。

- **ジャッジメントを手放す**
- **「インタビュー」してみる**
- **「私は」を主語にして伝えてみる**
- **いろいろな人がいると認識する**

・**「領域」意識をしっかり持つ**

など、これらは成熟した人間関係の基本とも言えます。

これらを自分のものにできれば、リーダーとしてはもちろん、一人の人間として人生全体を幸せに過ごせるようになると思います。本書がまずは職場、そしてやがては人生全体へと、お役に立つことをお祈りしております。

最後になりますが、編集にご尽力いただきましたダイヤモンド社の高野倉俊勝さんに心からお礼申し上げます。また、リーダーの悩みをたくさん教えてくださった皆さまに深謝申し上げますとともに、本書が少しでもお役に立つことを願っております。

著者

◉参考文献

『自分でできる対人関係療法』水島広子著、創元社
『小さなことに左右されない「本物の自信」を手に入れる9つのステップ』水島広子著、大和出版
『こころが晴れるノート―うつと不安の認知療法自習帳』大野　裕著、創元社

［著者］
水島広子（みずしま・ひろこ）
精神科医

1968年東京生まれ。慶應義塾大学医学部卒業、同大学院修了（医学博士）。

摂食障害、気分障害、トラウマ関連障害、思春期前後の問題や家族の病理、漢方医学などが専門。「対人関係療法」の日本における第一人者。

慶應義塾大学医学部精神科勤務を経て、現在、対人関係療法専門クリニック院長、慶應義塾大学医学部非常勤講師（精神神経科）、国際対人関係療法学会理事、アティテューディナル・ヒーリング・ジャパン（AHJ）代表、対人関係療法研究会代表世話人。

2000〜2005年衆議院議員として児童虐待防止法の抜本的改正をはじめ、数々の法案の修正実現に尽力。

精神科専門医、精神科指導医（日本精神神経学会）、精神保健指定医、日本認知療法学会幹事、日本うつ病学会評議員、日本摂食障害学会評議員、日本ストレス学会評議員。心の健康のための講演や執筆も多くこなしている。

主な著書に『女子の人間関係』（サンクチュアリ出版）、『怒りがスーッと消える本』、『小さなことに左右されない「本当の自信」を手に入れる９つのステップ』、『身近な人の『攻撃』がスーッとなくなる本』、『大人のための『困った感情』のトリセツ』（以上、大和出版）、『十代のうちに知っておきたい　折れない心の作り方』（紀伊國屋書店）、『プレッシャーに負けない方法――「できるだけ完璧主義」のすすめ』（さくら舎）など、多数。

部下をもつ人の職場の人間関係
なぜかうまくいくリーダーの社内コミュニケーション術

2015年11月27日　第１刷発行

著　者　水島広子
発行所　ダイヤモンド社
〒150-8409　東京都渋谷区神宮前6-12-17
http://www.diamond.co.jp/
電話／03･5778･7234（編集）　03･5778･7240（販売）
装丁――――西垂水　敦（tobufune）
カバーイラスト――小幡彩貴
本文デザイン･DTP――新田由起子（ムーブ）
製作進行―――ダイヤモンド・グラフィック社
印刷――――勇進印刷（本文）・慶昌堂印刷（カバー）
製本――――川島製本所
編集担当―――高野倉俊勝

ISBN 978-4-478-06670-6